SERVICE

DETERMINES EVERYTHING

服务决定一切

巩小定 ◎ 著

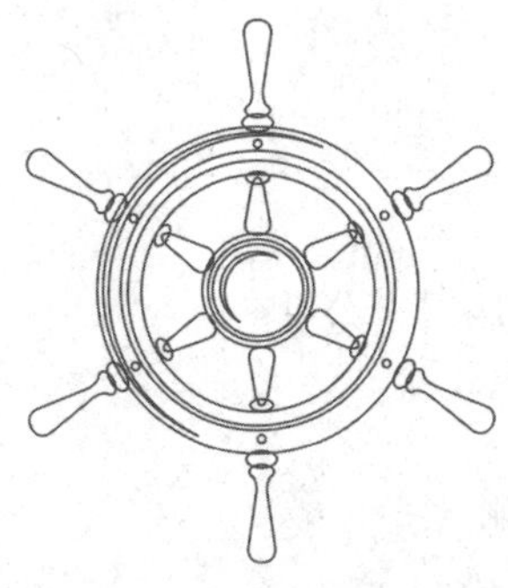

制胜的秘密武器 轻松提升你的业绩

尽职尽责 服务至上

拿来就能用的服务指导手册

中华工商联合出版社

图书在版编目（CIP）数据

服务决定一切 / 巩小定著. — 北京 ：中华工商联合出版社，2024.1

ISBN 978-7-5158-3854-0

Ⅰ.①服… Ⅱ.①巩… Ⅲ.①服务决定一切 Ⅳ.①F274

中国国家版本馆CIP数据核字（2024）第 026440 号

服务决定一切

作　　者：巩小定
出 品 人：刘　刚
责任编辑：胡小英　楼燕青
特约编辑：金跃军　宋　华
装帧设计：周　琼
排版设计：水京方设计
责任审读：付德华
责任印制：陈德松
出版发行：中华工商联合出版社有限责任公司
印　　刷：北京毅峰迅捷印刷有限公司
版　　次：2024 年 3 月第 1 版
印　　次：2024 年 3 月第 1 次印刷
开　　本：710mm×1020mm　1/16
字　　数：170 千字
印　　张：14.25
书　　号：ISBN 978-7-5158-3854-0
定　　价：58.00 元

服务热线：010－58301130－0（前台）
销售热线：010－58302977（网店部）
010－58302166（门店部）
010－58302837（馆配部、新媒体部）
010－58302813（团购部）
地址邮编：北京市西城区西环广场 A 座
19－20 层，100044
http://www.chgslcbs.cn
投稿热线：010－58302907（总编室）
投稿邮箱：1621239583@qq.com

前言 PREFACE

人们对服务的要求是随着产品的丰富而不断提高的，在今天这样一个商品极大丰富的时代，人们在关注产品质量的同时更关注服务。

所以，对于一个企业来说，在未来的发展中，优质的服务是竞争中取胜求得生存与发展的重中之重。谁在服务创新上出发得早，谁将服务之路走得好，谁就有希望到达峰顶，领略无限风光。那些既不符合市场的服务理念，也没有掌握服务技巧的企业，必然会在服务竞争中举步维艰。

而对于企业员工——处在服务行业中的我们来说，服务意识和服务能力是非常强大的职业竞争力。拥有服务意识和服务技巧，是服务人员所必须具备的，甚至是一个人能否取得成功的关键。

那么，“服务”是什么呢？

服务是多种多样的。有面带微笑的服务，有彬彬有礼的服务，也有通过准确无误地工作提供的服务。可以说，服务本身与一个品牌是长久的终身陪伴，是融入品牌基因里的一种自觉工作。

所有的技术，所有的平台，所有的产品，都可以被超越和替代，但服务不会。不管做什么，服务做好了，你都会优于别人。可以说，优质的服务是回报率最高的投资，是每一个人走向未来的金钥匙。

在新的服务理念下，服务顾客就是服务自己，重视服务就是重视未来。所以，服务不仅仅是理论的学习和服务技巧的培训，还有服务意识的培养，服务心态的塑造。总之，服务是一个企业的灵魂，服务的好与坏决定了企业的经济利益。即使你提供的100次服务中只有1次让顾客不满意，也会前功尽弃。

因此，我们的一切都应围绕着“让客户满意”进行。当我们的服务充满诚信、精心、细心、热心、耐心的时候，客户一定会感受得到。只有不断满足和超越顾客的期望，才能赢得他们的认可。

本书分别从如何培养服务意识、如何建立服务态度、如何抓住服务细节、如何设计与创新服务，以及如何处理服务中的投诉和如何打造服务中的礼仪六个方面入手，并以典型的案例进行进一步说明，全面阐述了服务的理念，介绍了服务方法的学习，有利于服务岗位的人员更好地理解服务，更好地指导自己的实践，提升服务的质量，从而为企业和个人赢得更好的竞争力。

目录 CONTENTS

001 第一章 意识，决定了服务的境界

时刻准备着，为顾客服务 002

满意，是服务的最低标准 005

免费服务与有偿服务地位相当 008

服务人员的字典里没有“不” 011

服务没有前台和后台之分 015

从“要我服务”到“我要服务” 019

喜欢，让服务变得心甘情愿 023

服务没有最好，只有更好 027

真心的服务，源自责任 030

顾客真的需要，才是好的服务 034

039 第二章 态度，决定了服务的温度

想顾客之所想，急顾客之所急 040
聪明的人，会听顾客说话 044
怀着感恩的心，感谢顾客 047
微笑，是一种无形的友爱 050
没人拒绝得了真诚的服务 054
顾客离开，不意味着服务结束 057
用一点耐心，赢得亿点肯定 060
尊重顾客，就是尊重自己 064
服务的本质，是服从 067
热情周到，让服务传递温度 072

077 第三章 细节，决定了服务的成败

将顾客的姓名牢记心间 078
将“你们”变为“我们” 082
为你的顾客准备“专属档案” 086
记住一些特殊的日子 090
让等待的时间变得短一些 094
别让坏习惯，扫了顾客的兴 097

留意顾客的一言一行　101
从一件件小事中，挖掘服务契机　105
顾客不同，服务也应不同　109

115　第四章
礼仪，决定了服务的质量

你的谈吐，隐藏着你的态度　116
优美的站姿，令你更专业　120
昂首挺胸，走出气质与魅力　124
蹲、坐不动，也有讲究　127
名片虽小，却藏着大礼仪　132
得体的接待，让顾客宾至如归　135
你的形象，是公司的缩影　138

141　第五章
设计与创新，决定了服务的高度

以“适度”代替“殷勤”　142
打造一套标准化的服务流程　146
将互联网思维运用到服务中　150
让顾客觉得自己“与众不同”　153
令人着迷的“特权”服务　157

惊喜，是服务必不可少的点缀 160
拒绝“说服”，让顾客自己体验 163
将无形的服务“可视化” 167
顾客是上帝，更是家人 170
顾问式服务，让“务”超所值 173

177 第六章 危机处理，决定了服务的满意度

倾听，让顾客发泄出情绪 178
以感激之心，对待顾客的投诉 182
遇到投诉，道歉为先 186
永远不要推卸责任 191
处理投诉要及时，再及时 194
置身“事”外，与顾客共情 198
主动挖掘顾客的潜在不满 201
站在集体的立场，处理不满 205
有效沟通，可以解决90%的矛盾 210
处理投诉，没有终点 214

Service

Determines Everything

第一章

意识，决定了服务的境界

意识，既看不到，也摸不着，却可以通过人的一举一动、一颦一笑体现出来。服务人员是否具备服务意识，意味着是否能够发自内心主动地为顾客提供服务。可以说，服务的意识，决定了服务最终的境界。

时刻准备着，为顾客服务

服务应从何时开始?

如果你认为服务是从看见顾客的那一刻开始，那就错了。看见顾客时才开始提供服务，为时已晚。服务不单单是一种行为过程，还是一种意识。拥有服务意识的人，在还未接触顾客前就已经进入了准备服务的状态中。

俗话说："不打无准备之仗。"只有做好了充足的准备，才能在机会来临之时，将机会紧紧地抓在手中。要知道，在我们的服务没有达到不可取代的时候，顾客并不是非选我们不可，也没有必要在我们身上浪费时间。

这一天，某4S店事故组的小谭在睡梦中接到了一位车主的电话。

车主在电话里很着急地表示车辆在某大道出险了，外面还下着雨，车上还有孩子，希望小谭尽快到现场处理。

小谭挂了电话就火速赶往事故现场，中途还联系了保险公司和拖车。到达现场后，小谭先安抚好客户，再去查看车辆的情况。小谭发现车主的车辆前部受损严重，已经无法正常行驶了，便让拖车将车辆拖回了公司。小谭开着售后服务车将车主顺利送回了家。车主下车时对小谭说："都说贵公司的服务好，这次真正地感受了一把，真的太感谢你们了。"

随时准备好为顾客服务，是服务意识的重要体现。要拥有这样的意识，我们首先要做好心理上的准备。服务，就是一个不断为他人付出的过程，这个过程中甚至要求我们不计回报，不计得失。我们必须让自己从"受益者"的心态中抽离出来，以"付出者"的身份投入服务当中。这并不是一件容易的事情，然而一旦做到了，获益最大的人其实就是我们自己。

同时，我们还要做好坚持的准备。很多人抱着一腔热情走进了服务行业，但坚持不了多久就打起了退堂鼓。不积跬步，无以至千里；不积小流，无以成江海。凡事不坚持都无法得到最好的结果，服务也是如此。只有细水长流地用心，才能换来有朝一日的"爆发"。

有了心理准备做基础，还要有行为上的准备打前锋。

第一，要以饱满的精神面貌出现在顾客面前。不管顾客是来购买产品，还是来享受服务，最初接触的人是我们。如果我们总是一副提不起精神的样子，势必会影响顾客的整体感受。因此，当一天的工作开始时，我们就要让自己进入“备战”状态，调整好自己的精神面貌，以最饱满的状态等待顾客的惠顾。

第二，要事先学会一些待人接物的礼仪。精神面貌是外在体现，精神内涵才是取胜的关键。无论我们的外表多么光鲜亮丽，但一张嘴语言粗鲁，缺少文化修养，也会打消顾客跟我们接触的欲望。因此，我们要有意识地学习一些待人接物的礼仪。俗话说：“礼多人不怪。”我们懂得的礼仪越多，我们的服务就越有内涵。

第三，对产品要有细致的了解。说到产品，很多人认为就是实体可见的物品，但实际上，服务也是产品的一种。不管我们提供的服务跟实物有没有关系，我们都应该详细了解产品。否则，我们在面对顾客的疑问时，就无法给出详尽的回答。有时候，往往因为一点不明白，顾客也许就放弃了我们。

外在的也好，内在的也罢。有所准备才能自信倍增，不管遇到什么样的状况，才能够应对自如。

满意，是服务的最低标准

很多服务人员把“让顾客满意”作为自己的人生信条，似乎“让顾客满意”是难以达到的标准。实际上，顾客想要什么有时候是显而易见的。

如果你卖小吃，那么顾客最想要的就是好吃的味道；如果你办学校，那么家长最想要的就是孩子学有所成；如果你卖服装，那么顾客最想要的就是物美价廉的服装……

顾客基本的需求，其实很容易得到答案。服务人员只要满足了顾客的基本需求，就能令顾客满意。然而，满意是服务的最低标准，是服务的入门级别。我们的意识不能仅停留在“让顾客满意”上，还要追求更高的层次，即不但要让顾客满意，还要超出顾客的预期，提供让顾客意想不到的服务。

有位顾客曾分享过前些年他在海底捞用餐时的真实经历。

有一次去海底捞吃饭，结账时他发现自己忘带钱了。正在他为难之际，领班过来说："没关系，下次来的时候再补上。"说完，领班还给了他50元打车钱。

还有一位顾客在海底捞吃完饭后去赶火车，却怎么也打不到出租车。这一幕被门口迎宾的服务员看到了，在问明情况后，服务员便离开了。不一会儿，海底捞的店长开着自己的车出来了，并将这位顾客送到了车站。

除此之外，海底捞还有婴儿睡觉的小床，有孕妇专用的沙发椅，还有女士丝袜……那些让顾客意想不到但又是现实需求的东西，总会在顾客产生了需求却还未提出来时出现在顾客的面前。

很多人去海底捞消费，不仅仅是为了美食，还为了那一份在别处体会不到的极致服务。忘记带钱，没有被服务员为难，这是很多顾客能够预料到的事情，但过后还被"支援"50元打车费，这是顾客万万想不到的。用晚餐还"附送"了送站服务，这是可以让顾客记住一辈子的好。

海底捞就是凭借着超出顾客预期的服务，在竞争激烈的餐饮业打下了属于自己的一片天地。海底捞的服务，其他人真的学不会吗？当然不是。服务讲究的是用心，只要我们改变观念，不再把"顾客满意"作为终极目标，那海底捞的成功可以出现在任何一个人身上。

克丽司汀是洛阳一家"无星"却可以跟万豪、凯悦这样的国际品牌五星级酒店平起平坐的酒店，在基础设施不占任何优势的情况下，克丽司汀就是靠着服务突出了重围。

有顾客曾分享过自己在克丽司汀住宿时的经历。他们一到酒店，立刻会有服务员送上小礼物、茶点和水果。看到顾客带着小孩、老人，服务员先是怕小孩撞到，会询问“需不需要给桌椅做包边处理”。服务员还贴心地给大人提供了药盒和泡脚桶，给小孩送了玩具。当天晚上，小孩因为肠胃不适吐了，服务员立刻将房间清理干净，随后还送上了白粥小菜。

回程的时候，酒店前台提前约好了专车送站。但是，约定时间快到时，因为专车在外送客无法及时返回，前台便立刻帮顾客叫了一辆出租车，尽职尽责地付好费用，并记下了出租车的车牌号，做到对顾客负责。

克丽司汀的创始人之前并没有做酒店方面的相关经验，他唯一的经验便是自己在出差时住过酒店。这些酒店中不乏一些五星级的酒店，它们的服务既挑不出毛病也说不上有多好，以至于在他离开后都记不起酒店的名字。正因为如此，克丽司汀才成为一个让人住过便永远也忘不掉的酒店。甚至有顾客称：“如果满分是5分，我会给克丽司汀打10分。”

令人满意的服务不会给顾客留下深刻的印象，只有超出顾客满意度的服务才会令顾客念念不忘。况且，在竞争日益激烈的今天，仅仅让顾客满意，根本无法维持顾客的忠诚度。没有忠诚的顾客，服务就成了“一锤子买卖”，这样谈何发展，谈何竞争呢？

能够让顾客满意的服务太多了，同样是花钱，一样的满意，顾客选谁都一样。唯一能够让我们不一样的地方，就是为顾客提供超值的服务，提供无可替代的服务。

免费服务与有偿服务地位相当

一分价钱一分货，这是很多消费者的固有认知。因此，免费的东西在人们眼中就是毫无价值的。服务人员也这样认为，认为免费的服务无法为企业带来效益，也无法给自己带来收益上的改变，还会降低企业利润，于是干脆提供劣质的免费服务或是干脆不提供免费的服务。

免费的，不都是没有价值的。我们身边的很多事物都是免费的，而且是必不可少的，比如阳光、空气、微笑、真情……这些都不需要付费，但依旧在人们的生命中占据着重要的位置。因此，不要区别对待免费服务和有偿服务，二者不但地位相当，甚至免费服务做好了，带来的好处比有偿服务更多。

老李两口子经营着一家煎饼摊，由于物美价廉，生意一直很不错。时间长了，老李发现一个问题，那就是很多顾客在买煎饼的时候都会问一句：“有粥吗？”在得到否定的回答后，顾客脸上难掩失望的神情。

在跟妻子商量一番后，老李决定在煎饼摊上加上粥，而且不收费。粥熬好后，就放在煎饼摊前，上面写着“免费喝粥”。起初还有顾客不太相信，反复确认道：“粥真的是免费的吗？”在得到肯定的答复后，顾客才小心翼翼地拿起一杯粥离开。

渐渐地，这个消息被传了出去。有一天，来了一位老人。老李见了，连忙招呼道：“大爷，买煎饼吗？”老人摇摇头，过一会儿问道：“你这粥是免费送的吗？”老李点点头，说：“对，免费送。”“那我不买煎饼，也送吗？”老人问道。

这个问题，老李还真没想过。以往都是顾客买了煎饼，顺便拿杯粥；有的顾客只买煎饼，不拿粥。这只拿粥不买煎饼的情况，老李还是第一次遇见。思量了片刻后，老李坚定地回答说：“对，大爷，您不买煎饼，也可以拿一杯粥。”说完，老李拿了一杯热粥递给了老人，还嘱咐道：“大爷，粥有点热，您喝的时候小心点，别烫到了。”

老人颤动着手接过了粥，感激地说道：“谢谢。你们真是好人呀！”

后来，老人又过来免费领了几次粥，每一次老李都是一样的态度。这让常来买煎饼的顾客们都看不下去了，对老李说道：“不买煎饼就不应该给他粥，要不占便宜没够。”

老李听了，憨憨地笑着说：“一个粥没几个钱，要不是生活真的困难，谁愿意这样呢？”

老李的回答，赢得了顾客们的赞赏，他的生意也变得越来越好。没过两年，夫妻俩的小摊位就从三轮车变成了四轮的早餐车，不但卖着煎饼，还有手抓饼、鸡蛋灌饼、里脊肉夹饼等。但无论添了多少花样，老李始终坚持免费送粥。

当很多人的思想还停留在“免费”只是噱头，只是招揽顾客的一种手段时，很多知名企业已经将免费服务作为一种战略性的存在，在努力经营了。戴尔公司的免费上门安装、维修服务，海底捞的免费美甲……

免费服务做得好，更能赢得顾客的信任。试想，一个服务员，若是能将免费服务做得细致入微，那所提供的产品和服务自然是无可挑剔的。因此，做好免费服务可以提升企业或是品牌的形象，更容易赢得消费者的信任。同时，免费服务传递着我们对顾客的重视。

如今，提供免费服务已成为一种时尚、一种理所当然。我们只有消除对免费服务的误解，才能真正提高客户的满意度。

服务人员的字典里没有“不”

在一些高档酒店都有“礼宾主管”一职，专门为客人解决在酒店下榻期间遇到的各种生活问题。

英剧《巴比伦饭店》中这样形容这个行业：“礼宾人员无所不知，他知道去哪里吃东西、跳舞和赌博。他能帮你插队买票，能帮你弄到任何东西，而且在24小时之内。好的礼宾甚至能救你一命。他知道你想找的衣服、帽子和鞋子。”对于礼宾主管来说，就算是绞尽脑汁真的无计可施，也不可以对顾客说“不”。

其实，这一服务理念可以推广至各行各业的服务中，要想通过服务制胜，服务员首先就要将“不”字从自己的字典里删掉。

清水是日本雷克萨斯星丘店的“礼宾主管”，她对这份工作的定位是“满足客户所有合理需求的职务”，因此清水的工作目标是“可以回复顾客的一切问询”。

在店里，顾客提出的大部分问题都与行车路线有关，比如：顾客想去某地旅游，想知道走哪条线路最不容易堵车且用时最短。其实这些问题只要顾客自己动动手指就能解决。可一些工作忙碌或是上了年纪的人通常没有空或是不太会使用网络。每每此时，清水都会不厌其烦地为其查询，将安排好的一条条旅游路线仔细地写在纸上，并交给顾客。

有时候顾客想去看电影，也会问清水哪个影院几点开始、什么场次等。对于这样的问题，清水其实可以说自己最近没有去影院，所以不太清楚，顾客也并不会因为一个汽车门店的“礼宾主管”不懂得影院的信息而恼火。但是，清水从来不会说“不”。对于自己不知晓的问题，她会立刻去查询，并将查询到的内容如实反馈给顾客。

如果这还算比较正常的顾客，那清水也遇到过比较奇葩的顾客。一位顾客在看过某部热播电视剧后，便提出想要一个电视里主人公用的手提袋。清水听了后很吃惊，但也没有拒绝，而是想尽办法帮顾客找这个手提袋。她先是在网上查询各种购买链接，发现因为电视剧热播，网上的手提袋都售罄了。最后，清水给电视台打电话，并说出了自己的诉求。没想到，电视台居然从购物部门那里找到了仅存的一只手提袋。当清水将手提袋交到顾客手中时，顾客的惊喜之情溢于言表。

在人际交往中懂得说“不”，是一个人走向成熟的表现；在服务中懂得不说“不”，是一个服务人员走向成熟的表现。在服务中，我们会遇到各种各样的顾客，遇到各种各样的问题与请求，甚至有的问题和请求远远超过了我们的职责范围和能力，拒绝顾客只需要一秒钟，但答应顾客或许要费尽全力。

在容易和艰难之间，如果我们选择了“容易”，那今后的职业生涯会越走越窄，越走越短；但如果我们选择了“艰难”，那今后的职业生涯便会越走越宽，越走越长。

2020年腊月二十九，王庆华（化名）值完最后一班岗后，便赶回老家陪父亲过年。除夕夜，王庆华正在陪父亲吃年夜饭，突然接到一通来自顾客的电话，电话里顾客询问他能不能赶回来帮忙处理一下儿子的甲沟炎。

这位顾客之前来过一次店里，王庆华很明确地告知对方，除夕至初二门店都要放假。显然，顾客忘了这件事。这让王庆华很为难，一边是希望一起跨年的父亲，另一边是焦急等待修护的顾客，且顾客也是专门从外地赶来的。经过一番考虑后，王庆华放下了手中的碗筷，电话中告知顾客需要多等一些时间，自己现在就从老家赶过去。他一脸歉意地对父亲说：“店里现在来了一个顾客，我得马上回去工作，就不能陪您吃年夜饭了。”说完，他匆忙出了门。

因为王庆华不会开车，为了不让顾客久等，他高价打了一辆车。两个多小时后，王庆华站在了店门口。顾客一看到王庆华，便一脸歉意地说：“王店长，实在不好意思，除夕夜影响了您和家人的团聚。”王庆华一边为顾客倒水一边安慰顾客说：“没事，早晚都要回来的，孩子的脚重要。”

在王庆华的耐心修护下，孩子的甲沟炎已经完全恢复了。孩子的父亲也与王庆华成了好友，时常带着孩子来王庆华这里修脚。王庆华除夕夜赶回来给自己修脚的事情深深地打动了孩子的心。孩子特地写了一封感谢信给王庆华。信中称：“除夕夜，王店长不仅修护了我脚上的伤痛，而且也温暖了我的心。店长敬业的身影，热情的服务，为平凡琐碎的生活点亮了一束光，在平凡的岗位上一次次温暖人心，上演了平凡中的不平凡。”

只要是顾客的需求，无论多难，我们都应该尽全力去满足。能让顾客的需求得到满足，也是我们工作能力的一种表现。只要顾客觉得我们的服务物超所值，那么我们的价值就得到了充分的体现和提升。

服务没有前台和后台之分

一次无可挑剔的服务，犹如一台精彩的演出。帷幕拉开，聚光灯下呈现的是服务人员的严谨从容、热情周到的用心服务；聚光灯外呈现的则是服务人员事无巨细、任劳任怨的用心保障。台前台后，缺一不可。

日本雷克萨斯星丘店的礼宾主管清水香合女士曾经在一家奢侈品商店供职，后来她计划进一步提升自己的职业规划，便应聘了星丘店的接待员。

可当她满心憧憬地正式上岗后，才发现店里给她安排的工作竟然是后台工作，只负责接打电话，这令她大失所望。清水素来喜欢服务工作，她认为接线员这一职位虽然必不可少，却不符合她的职业愿景。

清水不止一次抱怨，她觉得自己再也受不了坐在四方格子里一天到晚接电话了，哪怕一周只有五个工作日，那她每天处理的电话也不少于500个，她最大的希望就是直接面对客人，而不是隔着长长的电话线。

直到一件事情的发生，让清水意识到了自己的问题所在。

那是新车型刚刚开始发售的时候，清水每天都忙到崩溃。有一天，她接到一名顾客打来的电话，顾客想要预约试驾新车型。清水马上联系负责试驾体验的同事，确认了当天能够约上后，便回复顾客说“没问题”。

然而，当顾客来到店里准备试驾时，清水才发现试驾车此刻不在店里。她犯了一个十分低级的错误，那便是没有跟同事确认可以试驾的准确时间。此时，顾客已经非常生气了，大声质问道：“我之前已经打过电话了，为什么来了却无法试驾？”紧接着，清水又犯了一个更加低级的错误，她没有立刻向顾客坦承自己的错误，而是忙着联系同事，把顾客晾在一边足足15分钟，直到顾客气愤地拂袖而去。

事后赶回来的销售人员对清水大发雷霆，要知道让一位顾客产生购买意向需要花费很多的时间和精力，顾客终于愿意来试驾了，却被清水给搞砸了。

这件事后来也成为清水职业生涯的转折点，让她清楚地认识到，身在服务行业，即便从事的是后台的工作，也应该尽自己努力把事情做到极致。因为服务行业中，没有前台后台之分。

很多服务都是因为没有“站好最后一班岗”而失败的。对于顾客来说，他们享受的不是某个人的服务，而是整个企业或是品牌的服务，因此，一旦顾客在整个服务环节中有一点觉得不舒服或是有一点不够满意，那么，就会质疑整个企业、整个品牌。

岗位不分高低，工作不分贵贱。身为服务中的一环，谁也无法成为一个“孤岛”，“前台”“后台”在服务中同等重要。没有后台的默默耕耘，就没有前台的闪亮登场。没有前台的精准服务，就没有后台的满载而归。“台上一分钟，台下十年功”，前台接待人员的每一次亮相是接待水平、格局以及作风的具体体现。而后台的隐性接待也非同小可，后台人员要摒弃被动辅助的片面认知，摒弃“替他人作嫁衣”的心理落差，理性定位隐性接待的工作性质，唤醒立足本职做好保障工作的内在动力。

不管你是“前台”还是“后台”，只要顾客需要，就应为顾客提供尽善尽美的服务。人人都做到如此，才能真正为顾客提供完美的服务。

大卫是一名酒店的维修工。一天，他踩着梯子正在维修酒店大堂外侧的线路，只见一位女士双手拎着皮箱、包裹还有其他几件行李走向酒店大门。大卫连忙从梯子上爬下来，快步走到女士面前，为这位女士打开了门。

这一幕正巧被一个叫斯蒂芬·科维的作家看到了，作家感到很惊讶，等到大卫为女士提供完服务后，便走到大卫身边，由衷地赞许道：“刚刚你为那位女士提供了优质的服务，实在是难能可贵。”

大卫听了，并没有表现出被夸赞的喜悦，因为这样的事情他做过不止一次了。事实上，这是酒店对于每一位员工的要求，不管处于什么岗位，只要顾客有需求，就要随时随地停下自己手中的活，将服务顾客放在第一位。而这一条准则，就被印在标语卡片上，并被大卫随身携带。

起初，大卫每天上班前都会先浏览一遍卡片的内容，以确保自己的工作不会出差错。渐渐地，卡片上的每一条，仿佛刻在了大卫的血液里，他不需要看，就知道哪些事情是自己该做的，哪些是不该做的。就像为女士开门这样的事，身为服务领域中的一员，不管他是维修工，还是门口的接待，及时为顾客提供服务，都是职责所在。

顾客需要我们时，我们可以从后台走向前台；顾客不需要我们时，我们也可以从前台走向后台。一个合格的服务人员能够在角色转换中掌握不同角色的知识技能，在不同的业务活动中游刃有余，切实提升自己的综合能力素质，既能“上得了厅堂”，也能“下得了厨房”，成为“多面手”。

国学大师王国维有言“入乎其内，故有生气，出乎其外，故有高致”。“前台”和“后台”恰如服务的外在和内在，前台的外在形象是你后台内在状态的表达，服务人员只有观察、体会、领悟到前后台角色的平衡关系，努力找准工作重心的结合点，才能把服务推向一个更高、更完美的层次。

从“要我服务”到“我要服务”

比尔·盖茨先生曾说：“一个优秀的员工，应该是一个积极主动去做事，积极主动去提高自身技能的人。这样的员工，不必依靠管理手段去触发他的主观能动性。”这个道理对于服务人员一样适用，你是主动服务还是被动服务，产生的效果截然不同。主动服务给客户留下的印象更深刻、持久，而被动服务在客户心中留下的印象，只是昙花一现，甚至还会给顾客留下“不怎么样”的印象。

有一次，陈先生想邀请一位十分重要的客户吃饭，还特意选了一家高级餐厅。进去之后，陈先生发现事先定好的桌子上一片狼藉，上一拨客人用完餐的杯子盘子摆了一桌子。陈先生赶紧叫服务员过来收拾，但叫了几次，服务员才慢悠悠地走过来收拾。

等陈先生和客户落座后，服务员便走到一边跟其他几位服务员聊了起来，也没有走过来问陈先生他们是否需要服务。陈先生无奈只好又叫了好几遍服务员。看着走过来的服务员，陈先生问道："为什么没有人来为我们服务？"

服务员却说："你们没有举手，我们怎么知道你们需要服务呢？"

此时的陈先生忍无可忍，愤然投诉了服务员，然后带着客户离开了这家酒店。

需要举手才能被服务，这样的服务哪位顾客会喜欢呢？换个角度而言，如果一个服务员需要得到顾客的指令才愿意提供服务，那这份工作对他也没有快乐可言。对于顾客来说，只要不够主动，我们所做的就是被动服务，那么顾客就对我们毫无感觉。他们还会认为这是理所当然的服务。这样，我们的服务就会丧失应有的"杀伤力"，我们所期盼的顾客转介绍也就很难顺利进行。

因此，只有我们的服务快过客户的反应，才能给客户留下深刻的印象。主动服务客户，需要提前做好准备。在服务顾客之前，就提前预判出顾客会需要什么样的服务；在顾客还未开口之前，就提供出顾客需要的服务，不要让客户等待我们的服务。这不仅需要我们有察言观色的能力，还要有善于与顾客沟通，并在沟通的过程中了解顾客的需求和喜好等的能力。

小张是一家连锁超市的生鲜部导购员，她已经连续数年被评为优秀员工了。小张的优秀具体体现在何处呢？

生鲜食品部不同于其他部门，首先要求食品保持新鲜，其次还需要为顾客提供更多的服务，如制作、称重、打包等，任何一个环节都离不开导购员的服务。每当有顾客走近生鲜区时，小张都会主动走上前，静静地等候在一旁。若是看到顾客犹豫不决，她会立刻对产品进行一些介绍说明，食品的产地、生产日期、营养价值等。对于一些日期不够新鲜的食品，小张也会主动告知顾客，让顾客明明白白消费。对于一些比较罕见的食材，小张会事先在网上查出其营养价值及做法。当顾客想买却又不会烹饪时，小张就会及时奉上菜谱。

逢年过节的时候，生鲜食品区是最热闹的地方。面对熙熙攘攘的人群，小张从来没降低过服务质量。只要是有顾客购买鲜鱼，她都会问一句“是否需要宰杀”。在得到顾客肯定的答复后，她会细心地记下顾客的各种要求，然后转达给负责宰杀的师傅。打包的时候，她会将打包袋中的水分挤干净，以避免水分漏出，给顾客带来不便。

对于一些上了年纪的顾客，小张更是将主动发挥到了极致。尤其是对于那些行动不太方便的老年顾客，小张不但帮忙购物，还会帮忙推车。不忙的时候，她还会把顾客送到超市外，并叮嘱顾客要注意安全。超市附近的很多老人对小张的印象都非常不错，每次来购物，都会询问小张在不在？想要买什么东西，也总要听听小张的意见。一些热心的老人，有时候还给小张带来自家做的美食。

服务没有最佳时机，你主动出击的时刻就是最好的时机。从“要我服务”到“我要服务”，这不仅仅是意识上的转变，也是责任和使命的终极体现。永远不要跟在顾客后面等待，只有化被动为主动，才能打动客户，才能达到服务的最终目的——给客户留下更好的印象。

喜欢，让服务变得心甘情愿

创立了世界上最成功的零售连锁店之一的杰西·潘尼曾说：“生命中最大的快乐及满足在奉献中取得，而最伟大的礼物就是自我奉献。”

如果认为为别人服务太多会感到疲倦，这不是服务。如果带有目的的服务，只会令人感到疲倦，这也不是真正的服务。真正的服务，是心甘情愿地牺牲自己的时间、精力、金钱、爱、努力，还有专注，为他人提供帮助。而这一切，源于内心深处，对服务行业的热爱。

霍斯特·舒尔茨是丽思卡尔顿酒店集团联合创始人，也是全球备受尊敬的企业家。他用了19年的时间，让丽思卡尔顿酒店从无到有，并发展为坐拥55家门店的连锁酒店集团，版图覆盖了全球11个国家。霍斯特·舒尔茨之所以能够取得如此高的成就，跟他心底对服务行业的热爱是分不开的。

在霍斯特·舒尔茨11岁的时候，他就立志要做一名酒店服务员，这个想法遭到了其父母的强烈反对。因为在他们那个小村庄，每个体面的家庭都希望自家的儿子要么做工程师、建筑师，要么就在家乡酿酒。更何况，在他们家乡根本没有酒店，甚至连一家像样的餐厅都没有。酒店服务员这样的工作，在家里人看来，就像是街上捡垃圾的乞讨者。

然而，家人的阻挠，并没有浇灭霍斯特·舒尔茨要当酒店服务员的决心。14岁那年，霍斯特·舒尔茨走到了人生的岔路口，他可以选择继续上学深造，也可以选择学习一门手艺。霍斯特·舒尔茨的选择依旧是酒店服务员，他就想在厨房、餐厅里干活，并且想干一辈子。

在霍斯特·舒尔茨的坚持下，家人妥协了，并帮他找了一所教授酒店专业的学校。学习结束后，霍斯特·舒尔茨在一家高端水疗酒店当起了学徒。他每天都要从早晨7点工作到晚上11点，在结束疲惫的一天之前，他还会将客人留在走廊中的鞋子擦干净。在他孜孜不倦地努力下，他从学徒变为传菜员，再由传菜员成为服务员。

这是一段极为辛苦的岁月，但霍斯特·舒尔茨却从来没有怀疑过自己的决定。凭借着这份热爱，霍斯特·舒尔茨成了世界公认的酒店行业领跑者，并被评为“世界级酒店经理”。

或许，很多人走进服务这个行业，仅仅是为了找一份能够糊口的工作。起初，还能倾注一些热爱在其中，但随着工作中的压力、人际交往的复杂、日复一日的重复，久而久之，这份热爱慢慢消退，工作激情也消失殆尽。此时，工作中只剩痛苦，为顾客提供服务也变成了应付差事。这样，自己不快乐，顾客也不快乐。

如果还想继续在服务这个行业走下去，除了爱上这项工作别无他法。因为只有热爱，我们才能对工作产生源源不断的兴趣，才能对每一天都充满了期待，才能在工作中充满了积极主动的态度，才能在服务这个平凡的岗位上做出不平凡的工作。

在某社区，人们经常能看到一个穿着志愿者服的人，常年在社区的各个角落走动。哪处管道老化了，谁家下水道堵塞了，他都能第一时间将问题解决。他就是社区书记田某，虽然已经58岁了，但他依旧像那些年轻的社区工作者一样，对工作充满了干劲和热情。

2020年，一场突如其来的疫情打乱了人们的生活节奏。原本正在家中准备过大年的田某接到了上级的通知，紧急排查外地返京人员。接到命令的田某一刻也没有耽误，第一时间奔赴工作岗位。为了节省时间，他经常吃住在值班室，防疫宣传、值班备勤、安检巡逻……每一天都过得很忙碌，但田某的工作热情分毫未减。

社区里的李姓老人80多岁了，独自一人居住，田某经常前去探望：帮老人换换灯泡、陪老人就医……他认为这都是举手之劳。

对于田某来说，最让他感到满足和快乐的时刻，就是来自社区居民们的问候和对他工作的认可，这些会让他更加坚定自己“全心全意为人民服务”的信念。他是一个普通得不能再普通的共产党员，却凭着一颗炽热的心，让这份平凡的工作不再平凡。

热爱会产生快乐，当我们以为他人服务为乐时，就会得到一个神奇的效应：我们满怀着热爱为顾客提供服务时，顾客就能被我们的热情所感染，从我们的服务中获得快乐的体验，而顾客的快乐会让我们产生自豪感、成就感，令我们的快乐加倍。

只有真心实意地喜欢，才能做到义无反顾地坚持。只有将“热爱”二字铭刻在心间，才能不断去追求更有品质的服务。

服务没有最好，只有更好

在很多人眼中，服务不需要多么高超的技能，只需要有点“眼力见”就可以在这个行业里长久地干下去。实际上，在现在这个年代，没有什么职业是终身的，只有终身学习才能跟上社会发展的步伐。

在日常工作中，我们会不断遇到新问题，超出自身原有的认知范畴。因此，越优秀的人，越懂得持续学习的重要性，在他们的人生字典里，任何一种职业都不是长期的饭票。今天在一个什么样的点位上没有那么重要，重要的是在未来几年里会用什么样的方式持续迭代。那些能够一直笑到最后的人，一定是能够持续学习的人。

李军花是商场的一名导购员，最近她们柜组的销量一直不好，导致大家士气低下，干活提不起精神。以往有顾客来，她们都是跑步接待；现在有顾客来，别说跑步了，能快走几步就不错了。照这样下去，别说提升业绩了，能不能在竞争激烈的市场中生存下去都是一个问题。

李军花在听说二楼东区童装柜组刘兰红又获得了本季度的销售冠军称号后，决定向她取取经。经过一整天的观摩后，李军花发现了自身存在的问题和不足：

一是每次为顾客介绍后，最终都没有成交，导致自己越来越没有信心；

二是在主动寻求顾客需求的过程中遭到拒绝，内心受到打击；

三是在恶性循环中导致自己对商品越来越没有信心，对自己的能力也产生了怀疑，认为自己无法带动顾客消费。

找到了士气低落的原因，李军花开始进行有针对性的改善。

第二天，来了两位顾客，李军花快步上前接待道："您好，两位来看裙子？"一位偏胖的大姐想买件连衣裙，李军花在了解了顾客的需求后，随即为她推荐了一款有弹性的大码的连衣裙，并鼓励顾客试穿。顾客觉得裙色太花了，拒绝了试穿。但李军华没有就此放弃，而是继续耐心地为顾客介绍道："姐，这条裙子是高弹棉的，有弹力穿着舒服。有腰带装饰，不显肚子，还特别显瘦。您别看它花，上身效果特别好，您试试就知道了。"

顾客听后，将信将疑地进了试衣间，试穿效果果然如李军花说的一样。顾客激动地说道："没想到我这样的身材还能穿上连衣裙。"当即，顾客就决定购买了。在顾客进去换衣服时，李军花便与另一位顾客聊了起来："姐，您身材挺好的，穿上效果肯定会更好，反正您现在等着也没有啥事，我去给您拿件新的，您也去试试呗！如果上身效果不好，咱可以不要！”在李军花的劝说下，那位顾客怀着尝试的心理试穿了那件衣服。最后，试穿的两件衣服都顺利成交了。

离开前，顾客笑着说：“我本来是陪别人来买衣服的，你这个小姑娘说话真好听，服务也好，下次买衣服我还找你！”短短一上午，李军花连开两单，瞬间信心爆棚。李军花通过向优秀的员工学习，审视到自身的不足，及时转变自己的意识和心态，从而提升了自己的服务技能，提高了顾客的满意度，最终实现顺利成交。

人生在于不断地学习、不断地进步，哪怕收获甚微，也好过原地踏步。一个普通的服务员想要上升到更高的职位，就需要不断学习，每天进步一点点。退一万步讲，我们不为了升职，也需要学习，只有学习才能让我们跟上顾客不断变化的需求，才能让我们为顾客提供更好的服务。当你有了持续学习的思维，有了超前的知识储备与认知，你就拥有了快速处理问题的能力，也就拥有了最重要的特质——核心竞争力。

持续学习，并不只是知识储备的不断摄入，也是对于自身阅历和经验能力的一种提升。通过持续地学习，能让自身更加从容地应对这个社会中瞬息万变的各种挑战。

要想在服务领域成为一名优秀的专业人员，就必须要不停地学习，不停地成长与进步，未来的辉煌不会主动向我们走来，所以我们必须向辉煌走去！

真心的服务，源自责任

在如今的市场格局之下，什么才是核心竞争力呢？答案是服务。世界上的许多知名企业，早就将“强化服务意识，提高服务水平”作为重点来发展了。而服务的核心是人员，是身处服务行业中的你和我。

某农商银行张家庄支行进来了一位神色慌张的老人。原来老人在支行网点查询银行卡余额时，发现卡里少了很多钱。老人十分着急，所以前来求助。

经常听人说钱存在卡里不安全，会有被盗的风险，老人因此担心自己的钱被盗了。

面对一脸着急的老人，工作人员第一时间安抚了老人的情绪，并承诺一定会竭尽全力帮老人弄清楚这笔钱的去向。随后，工作人员根据老人的账号，开始一笔一笔地帮助老人核对账单。在工作人员的帮助下，老人终于想起来这笔钱是自己取走的。

工作人员忙碌了大半天，最后却闹了一场乌龙。事后，老人为自己给工作人员带来的麻烦感到很不好意思，一个劲儿地道歉。工作人员却说："这是我们的职责所在。"

一句"职责所在"，道出了服务的本质所在。顾客既然选择了我们，我们也就承担了一份责任，对于他们的问题一定要负责到底。如果是我们解决不了的问题，应主动为客户提供别的解决方案。

林肯说："每个人都应该有信心，人所能负的责任，我必能负；人所不能负的责任，我亦能负。如此，才能磨炼自己，求得更高的知识，进而进入更好的境界。"

2015年7月，阿珍以在校实习生的身份，进入了某连锁星级酒店的餐厅部实习，实习期为10个月。

起初，阿珍跟很多实习生一样，都是抱着"过客"的心态来完成学校安排的实习工作的，只为最后能得到那一张毕业证书。因此，刚实习的那段日子，对阿珍来说很难熬。每天，她的内心都被失落感填满了，看着别人坐在那里吃吃喝喝，而她却只能站在一旁随叫随到。她觉得父母辛辛苦苦供她上大学，她却做着这样一份不够体面的工作，实在是太对不起父母的付出了。

直到有一天，阿珍遇到了喝醉酒的赵先生。赵先生为了拉投资，在酒桌上频频给客户敬酒，结果醉得一塌糊涂，还吐了自己一身。阿珍觉得赵先生很可怜，便上前帮他擦拭身上的呕吐物，没想到却被赵先生一把推开。他大声骂道："滚远点，别管我，让我死了算了……"

这让阿珍感到十分委屈。但委屈过后，阿珍扪心自问道："如果这是我的家人，我会怎么做呢？"顿时，阿珍心中有了答案。她先是拿来纯净水让赵先生漱口，又端来了一杯蜂蜜水给赵先生解酒，之后还把赵先生扶到沙发上休息。等赵先生睡着了后，阿珍才轻手轻脚地一边同领班一起收拾卫生，一边等待着赵先生酒醒。

赵先生醒来后，一眼便认出阿珍就是那个帮他清理衣物，给他端蜂蜜水的服务员。他向阿珍表达了歉意和感谢，并承诺今后自己公司的会务和宴请都会安排在这里，并且希望每次都由阿珍来服务。

赵先生没有食言，他成了这个酒店名副其实的大客户。每次来，赵先生都会点名要阿珍为他们服务，而阿珍的服务也得到了赵先生及其朋友的肯定和好评。每当阿珍听到别人夸她认真、负责的时候，她都觉得很有成就感。

从此之后，阿珍感受到了服务的魅力。当一个陌生人变成自己的忠实顾客时，世界都会因此而变得明媚起来。此时的她已经充分地体会到了服务的价值。实习期结束后，阿珍改变了之前的想法。毕业后，她再次投入了这个大家庭，并雄心勃勃地准备发挥自己更大的价值。

责任源自真情，真情源自真心，有了这份真心服务的责任和担当，就有了继续前行的勇气和力量。

优质的服务不仅仅局限于营业环境的优美、文明礼貌的用语，更是发自内心的一种意识、一种态度、一种责任感。当我们紧紧围绕“您的需求，我的责任”为服务理念，设身处地地为顾客着想时，便能体会到服务真正的价值了。

顾客真的需要，才是好的服务

现在，很多企业都打出了“顾客就是上帝”“顾客就是一切”的旗号，名义上一切都是以顾客为中心开展服务活动，但为什么成功的企业寥寥无几呢？为什么服务还是得不到顾客的认同呢？

究其原因，在于企业只是喊出了口号，却没有真正花心思去研究顾客究竟想要什么？有些企业要求服务人员必须提供热情的服务，当顾客进门时，全体直立，大声喊“欢迎光临”，经常会把很多毫无准备的顾客吓一跳。有的企业要求服务人员必须真诚，要求“跪式服务”，结果顾客并不领情，还损害了服务人员的尊严。难道这是因为“热情”和“真诚”不好吗？当然不是，而是这些服务太流于表面了，没有去探究顾客内心真正的需求。服务不是做表面文章，而是真正了解客户的需求。

小孙是某连锁面食餐厅的一名服务员。

一个周末，店里的客人特别多，还有好多顾客在排队。大概下午一点半的时候，又进来一批客人，刚好在小孙负责的区域落座。小孙按标准流程给客人端上了一壶陈皮白茶，并温馨地提醒客人小心烫。点菜完毕后，他提示客人有事儿招呼他后，便去服务其他桌的客人了。

当羊肉水饺上桌后，客人向小孙反映水饺皮儿有点厚。小孙听后先是愣了一下，随后赶紧回复客人道："咱们这是纯手工制作的，而且用的食材也是精选的雪花粉，面皮筋道不容易煮烂。"客人听了，没再继续说什么，但小孙看出客人有点不满意。

于是，小孙开始琢磨怎么才能让这桌客人满意而归。当目光落在了客人身边的小朋友身上时，他发现小朋友已经吃饱了，正在百无聊赖地找事情做。小孙瞬间有了主意，他去门口给小朋友拿了一个风车和几个小玩具，然后又给孩子拿了一点儿小零食，孩子有的吃有的玩儿，自然很高兴，也没有再打扰大人吃饭了。小孙偷偷看了一下客人，发现客人的脸上渐渐浮现出了笑容。

不一会儿，小孙在旁边逗孩子玩时，听到顾客说："黄馍馍是这家餐厅的特色，下次来一定要吃。"于是，小孙便自作主张地给客人下单了两个黄馍馍，想自己结账送给客人。等黄馍馍上桌后，客人惊讶地表示自己并没有下单。小孙连忙解释说，这黄馍馍是送的，感谢他之前提出的宝贵意见，并告知客人，那盘水饺已经退了。

客人听后赞许道："小伙子，今天谢谢你了，我去过很多地方吃饭，今天是第一次碰到这么好的服务。"说完，顾客执意付了黄馍馍和水饺的钱，还主动添加了小孙的微信，表示以后再来吃饭，一定会联系小孙。

客人走了，但是客人的话让小孙心里暖洋洋的，也让他对服务有了更深一层的理解。

什么是好服务？能够帮顾客将当下最需要解决的事情解决掉，就是好的服务。比如：大人吃饭时，孩子在旁边闹，那么我们帮客人看会儿孩子就是提供了好服务。有时候是一句话，有时候是一个不经意的举动，却解决了顾客当下最需要解决或是没精力解决的事。

我们只有将顾客的需求当作工作的重心来对待，才能获取客户长期的理解与信任。

首先，我们要满足顾客使用上的需求。通常而言，使用上的需求是逻辑的、理性的和实用的。顾客使用上的需求一旦得到了满足，他们便会一而再再而三地找上门来购买。

其次，我们要满足顾客的情感需求。情感上的需求是感性的、非逻辑的，有时候甚至是不可理喻的，但在顾客的需求中占据着十分重要的位置。使用上的需求可替代性很强，任何一家店铺、任何一位服务员都可以满足顾客，但情感上的需求往往是“独一无二”的。很多时候顾客频频光顾，不仅仅是因为我们的产品或是服务满足了他们的需求，更多是因为顾客在我们这里得到了愉悦、被关怀、安全感和归属感等快乐的体验。如果我们能够长期为顾客提供这种需求，顾客就愿意跟我们保持长久的关系。

现在市场竞争越来越激烈，对服务的要求也越来越高，服务行业是一个高水准的行业，并不是每个人都能做好，它需要我们在面对不同的顾客时能够随机应变，灵活运用一些法则，同时不以自己的想法为出发点，切实去了解顾客的需求，这样才能让顾客100%满意。

Service

Determines Everything

第二章

态度，决定了服务的温度

俗话说："态度决定一切。"在服务行业，态度的重要性更为突出。服务态度，是一个人对待服务的各种看法。看法不同，所采取的行动也不同。好的服务态度，才能为顾客提供有温度的服务；有温度的服务，才能获得顾客的认可和自我的成功。

想顾客之所想，急顾客之所急

你会为顾客丢失的一枚胸针而着急吗？顾客还没开口，你就能知道顾客的需求吗？一个真正把顾客放在第一位的服务员，会在顾客还未开口之前，就了解到顾客的真实需求。

相反，一个将自身利益放在第一位，只考虑自己是否能够升职加薪的服务员，永远无法看到顾客的真实需求，也无法为顾客提供称心如意的服务。

这一天，李女士接到出差的任务。收拾好一切后，李女士却发现自己的笔记本电脑开不了机了。李女士连忙给当初卖给她电脑的售货员打电话，说明了原因，并表示自己晚上要赶飞机，希望问题能够及时得到解决。

电话那头虽然答应会帮李女士尽快处理相关问题，但李女士等了两个多小时，一直没有等到回复。无奈之下，她再次拨通了售货员的电话。售货员这才在电话里说："不好意思，我刚刚给我们经理打了电话，经理说我们只管售前，不管售后。然后当时正好有个顾客过来买电脑，我就没有第一时间回复您。"

李女士虽然很生气，但鉴于对方态度还算诚恳，便什么也没说，赶紧找出当时的购买合同，从上面找到了售后电话，拨了过去。售后人员仔细询问了电脑的情况，判断是电脑由于长期未开机导致的无法开机，李女士只需到最近的售后服务点激活一下就可以。售后人员还帮李女士联系了距离她最近的售后服务点。李女士一看，售后服务点就在她买电脑的柜台旁边，仅仅几步路的距离。

售后人员只用了三分钟时间就将电脑激活并重新开机了。李女士一边道谢，一边忍不住抱怨道："没想到售后服务点离柜台这么近，两个多小时前我给售货员打电话，他们说要找售后才行。早知道离得这么近，我就直接过来了。"

售后人员笑笑说："因为售前转售后，售前没有提成拿呀！"

如果说，打工不为挣钱，这不现实；但如果打工只为挣钱，又缺少了一些真诚。有时候，仅仅是一个电话的事，却可以帮助顾客减少很多麻烦；有时候，没有提成，得不到任何好处，却可以帮助顾客解决燃眉之急，让顾客终生难忘。作为一名服务人员，我们只有拥有一颗爱人之心，才能够真正深入顾客的内心，了解顾客的真实需求，并为满足这种需求想尽办法。我们能够以顾客为中心，从顾客的角度来考虑问题，想顾客之所想，急顾客之所急，才能更好地服务顾客。

刘峰是一家电器商场的销售员。整个商场里，他的销售业绩是最高的。对此，刘峰有着自己的“独门秘方”——想顾客之所想，急顾客之所急，永远把顾客放在第一位。

就拿一个最平常的案例来说吧。

之前有一个顾客来到店里，一进店，就对迎上来的刘峰说：“我不买东西，我就是进来凉快凉快，外面太热了。”

换作其他人，或许就任由顾客随便转转了，反正对方也不打算买，何必在他身上浪费时间呢？刘峰却没有这样做。他依旧热情地将顾客招呼到店里，还搬来了一把椅子，对顾客说：“外面确实挺热的，估计您也走累了，先坐会儿，歇歇脚。”说完，他又拿来一杯水，递到了顾客手中。

刘峰的一系列举动令顾客很惊讶，便坐下来跟刘峰聊了起来，结果两人还聊得挺投机。聊着聊着，顾客便主动问起了刘峰的工作，还让他介绍了几款冰箱。刘峰运用自己的专业知识，将每种冰箱之间的差异说得明明白白，顾客听了不住地点头，一副十分受教的样子。

忽然，顾客的电话铃响了。电话那头说顾客的母亲因为摔了一跤住院了，让顾客赶紧回去。顾客疾步向外走去，打算打车去医院。刘峰见状，也紧随其后。走到商场门外后，刘峰赶紧骑来了自己的电动车，对顾客说：“大哥，这个点不好打车，我骑车送您过去吧。”

顾客感到很不好意思，又怕耽误刘峰的工作，便打算拒绝。刘峰却说：“没事，您赶紧上车吧。”

刘峰一路将顾客送到了医院，确定顾客的母亲并无大碍，也没有什么需要他帮忙的地方后，刘峰才骑车离开。

一个星期后，这位顾客再次走进了商场，一进去就选中了一款冰箱，指明要刘峰开单。

原来，这名顾客并不是不打算买冰箱，只是出门那天没有带钱，他接连进了几家店，每当他说“只是看看”时，就没人愿意招待他了。而他只是自己看看，根本看不出什么门道来。直到遇到刘峰，他的热情让顾客十分满意。所以，等母亲一出院，顾客就马不停蹄地来到商场购买了一台冰箱。他还承诺，以后家里有人要买冰箱，一定会找刘峰买。

在服务中，能够帮助顾客，为顾客着想，既是一种能力，也是一种良好的服务态度。时时以顾客为中心，树立全心全意为顾客服务的观念，将顾客的利益视作我们自己的利益，坚持以客户价值观为导向，只要我们时时处处坚持把客户利益作为最高准则，那么就能大大提高客户的满意度。

聪明的人，会听顾客说话

很多服务员具有较强的语言表达能力，并将此作为自己的服务“利器”，却对“听”不怎么在意。例如：在介绍产品的时候，总是恨不得一口气把产品的所有情况介绍给顾客。或者，顾客还没有开口，就自顾自地说个不停。有时候，他们还会打断客户的话来陈述自己“正确”的观点。

说得多，顾客就一定接收得多吗？顾客没有表达自己的想法，就代表他们没有想法吗？中国有句古话叫“言多必失”，这句话一样可以用在服务中。

乔·吉拉德一生卖出了上万辆雪佛兰汽车，但他也在言语上犯过错误。

一次，一位顾客来找乔·吉拉德买汽车。原本两人交谈得十分愉快，也十分顺利，但就在准备签约成交时，顾客却突然改变了主意。乔·吉拉德怎么也想不到，到手的订单居然飞了。当天晚上，他便敲响了顾客家的门。

顾客看见一脸真诚的乔·吉拉德，说出了自己的心里话。原来，乔·吉拉德在确定顾客的购买意向后就放松了心态。这期间，顾客跟乔·吉拉德分享了自己的儿子即将上大学的好消息，并提到他的运动成绩和他将来的抱负，还说了自己十分为儿子感到骄傲。乔·吉拉德不但没有回应，还转头去听旁边的同事谈论花边新闻。这让顾客十分生气，感觉自己没有受到尊重。好像只要买了车，乔·吉拉德的任务就完成了，而乔·吉拉德之前所有的用心都只是为了让自己买车而已。

因此，顾客一怒之下改变了主意。乔·吉拉德对此感到后悔不已，同时也认识到了“听”的重要性。

作为服务人员，如果不能自始至终倾听对方讲话的内容，了解并认同顾客的心理感受，就有可能会失去自己的顾客。因为在某些时候，倾听比能说会道更重要。

一来，每个人都希望自己被他人了解，希望自己的想法被他人认同。因此，倾听能够表达出我们对顾客的认同，让顾客从心理上获得优越感。二来，通过倾听，我们可以了解到对方深处的“共鸣点”，然后再进行“有的放矢”的行动。只有这样才能将话句句说在点子上，易于切中要害，做到“知己知彼，百战不殆”的效果。

所以，一个不会“听”顾客说话的人，不可能成为优秀的服务人员。倾听并不是简单地听对方把话说完，而是要带着一颗真诚的心去倾听，心与心的对话都是从真诚的倾听开始的，只有这样才能和客户产生心灵上的共鸣。

想要做到用心倾听其实也不难，关键是要注意以下几点。

第一，确保我们听到的内容是客人真实表达的内容。在听完顾客的话语后，我们不要急着去回应或者给客人出主意，而是要重复或者重组顾客说的内容，其目的在于确保我们听到的内容是顾客想要真实表达的内容，以免出现错误理解。

第二，依靠语气和肢体语言获得更多的真实信息。肢体语言往往比顾客说了什么更能反映他们的真实想法，一个表情、眼神或是一个手势都能反映出顾客的内心需求。只要我们用心观察，就能发现顾客的内心需求，然后抢在顾客还未开口前为顾客提供他们所需的服务，他们一定会感到很意外、很开心。

第三，听出顾客的情绪，回应顾客的情绪。服务讲究的是“你快乐所以我快乐”，顾客需要我们与他们产生情感共鸣。如果顾客用开心的语气和我们分享他的开心事，那我们一定要用愉快的声音回应他；如果一个顾客非常不开心，那我们也不要企图用愉快的心情去感染他们，倾听他们的感受，第一时间安慰他们的情绪，直到顾客笑了，我们再露出欣慰的笑容。

最好的服务人员绝不是伟大的演说家，但绝对是伟大的听众。就如古希腊民谚所说的一样：“聪明的人，借助经验说话；而更聪明的人，根据经验不说话。”在服务中，尽可能少说多听，并认真倾听，相信一定会从中获益良多。

怀着感恩的心，感谢顾客

成功学家安东尼指出：成功的第一步就要先存一颗感激之心。不管你是一名促销员，还是酒店前台，都应该对顾客存有感恩之心。

因为顾客是我们的“衣食父母”，没有顾客，我们便难以生存。顾客还是我们的“老师”，是顾客让我们明白如何服务才更能赢得人心。顾客偶尔会挑剔，但也正是因为这种挑剔，我们才拥有了进步的空间和努力的方向。

王医生，现任某三级甲等医院泌尿科专家。他能成为医生，纯属偶然。王医生原本的梦想是考上清华，当一名建筑师，但由于家里经济条件的原因，最后报考军校，成了军医大学的一名学生。

起初，王医生对医生这个职业说不上热爱，甚至觉得所学的内容有些枯燥。直到他目睹一个只有18岁的患者因心力衰竭而亡，患者那求生的意志和眼神深深地印在了王医生的脑海里。也就是从那时开始，他立志要成为一名好医生。

1962年初，王医生当上了外科医生。刚到泌尿科，他遇到膀胱癌病人膀胱切除，都是在肚子上插管走尿。病人因佩戴尿袋有异味，不敢与人近距离接触，身心备受煎熬。这时，王医生得知，在国外有一种“可控回肠膀胱”的手术，造口不流尿，患者无须带尿袋，可以大大提升患者的生活质量。王医生便与同事们查阅了大量资料，反复做实验，不久后就在国内首次成功开展了可控回肠膀胱手术。

这让王医生深刻地体会到：医生不仅要有精湛的医术，还要有设身处地为病人着想的意识，争取最大限度地提高患者治疗后的生活质量，让患者有尊严地活着。

医生治病救人，理应得到患者的感谢。医生当久了，王医生却对此有了新的感悟：医生是“给予者”，但同时也是“获益者”。没有患者，哪来这些进步？没有患者，哪来论文中的“首例”和“第一”？没有患者，哪来与临床相关的“科技成果奖”“医疗成果奖”？甚至医生们头上的某些光环，都是患者给予的。因此，王医生最想感谢的人，就是自己的患者。

不管是医生这个特殊的服务行业，还是其他普通的服务行业，只有心存感恩，才能够以积极、喜悦、开朗的心情与顾客相处，才能想尽办法为顾客提供最优质的服务。想一想，顾客能够从千千万万个人中，选中我们为他们服务，这是多么难得。如果我们的服务令他们满意，他们再次关顾，这份信任又是多么可贵。

感恩就像是情感的一扇窗，打开它，便光彩流溢，温暖芬芳。带着感恩的心去服务顾客，才能收获更强的责任心，获得更多的工作动力，登上更高的人生境界！

微笑，是一种无形的友爱

我国有许多古老的处世智慧，其中有一条很值得服务人员铭记于心，那就是“笑脸通神，饿脸不开店”。

试想一下，如果你是顾客，遇到的服务人员都是愁眉苦脸、闷闷不乐的，会不会影响你的心情呢？相反，如果你心情不佳，却遇到一个满脸笑容、亲切开朗的服务员，那你郁闷的心情是不是也能得到缓解呢？

微笑，是人与人之间心灵的钥匙，是一种非语言的心意沟通，是人类美好的表情，也是人际交往中非常重要的工具。经常面带微笑的人，走到哪里都会受欢迎。同样，始终面带微笑的服务人员，不管走到哪里，也都会受到顾客的欢迎。

一位乘客在飞机未起飞前，向服务员要了一杯水准备吃药。服务人员承诺飞机在进入平稳飞行状态后会立刻把水送过来。然而，飞机在进入平稳飞行状态后很长一段时间里，服务人员也没有将水送过来。

无奈，乘客只好再次按响了服务铃。服务员一听到铃声，立马意识到自己忘记送水了，便赶紧给顾客端来了一杯水，并微笑地对顾客说："先生，实在对不起，因为我的疏忽，耽误您吃药了，真的非常抱歉。"

在飞机快要抵达目的地时，乘客让服务员将飞机上的意见簿拿给他。服务员以为乘客要投诉她，但她仍旧微笑着将意见簿拿给了乘客。乘客离开后，服务员打开意见簿一看，上面写着：

"在整个过程中，你表现出的真诚歉意深深地打动了我。当你第二次对我微笑时，我认为你的道歉是应该的，所以我仍然打算投诉你。当你第三次对我微笑时，我动摇了投诉的念头。当你第四次冲我微笑时，我已经彻底原谅你了。你一共对我微笑了12次，这让我相信你是真的感到很抱歉，我有什么理由去投诉一个真诚道歉，并始终对我笑脸相迎的人呢？最终，我决定不再投诉你，而是表扬你。如果还有机会，我一定会再次乘坐你们这次航班。"

正所谓："伸手不打笑脸人。"不管在什么环境下，我们都要带着微笑面向顾客。美国密西根大学的心理学教授麦克尼尔博士曾说："面带微笑的人比起紧绷着脸的人，在经营、贩卖以及教育方面更容易获得效果。"这句话与我国古老的处事原则有着异曲同工之处。

或许有人会提出质疑：难道服务人员就不能拥有自己的喜怒哀乐吗？况且大部分服务人员要面对的是形形色色的人和事，很多人和事都会让人感到烦心，有时候还要承受来自顾客的不理解、抱怨和指责，这样又怎么能笑得出来呢？

确实，一个人只有心情愉悦了，才会流露出发自内心的微笑。但是，微笑也是一种礼貌和涵养的体现，当我们心情不够愉悦时，就要想办法尽快赶走心中的阴霾，调节自己的情绪，而不是让坏心情继续蔓延。

刘婷是一家餐厅的领班。这一天正是餐厅最忙碌的时候，来了一位西装革履，胳膊下夹着公文包的男性顾客。服务员一看来了客人，连忙上前迎接。没想到，服务员的热情竟引来了顾客的不满。顾客指着服务员，生气地说："我已经提前订了房间，这么看来，你们是一点工作也没做啊！"

服务员十分确定这位顾客是第一次来，便试探着问道："先生，您是不是搞错了？"

听到这话的顾客勃然大怒地质问道："我搞错了？你们是怎么服务的？把你们的经理叫来，看看到底是谁搞错了？"

刘婷在听到叫嚣声后连忙走过来，微笑着说道："先生，您别着急，您先坐下来，我们立刻去核查这件事。"

顾客可能觉得自己丢了面子，丝毫不为所动，继续大声叫嚷着："你是谁呀？说话能管事吗？"说完，他还用手推了刘婷一下。

穿着高跟鞋的刘婷一个趔趄差一点摔倒，幸好旁边的服务员伸手扶了一把。虽然刘婷的心里感到十分委屈，但她迅速调整好状态，待到抬起头来时，依旧是满脸的微笑："先生，您看这样好不好，我现在就去核查一下订房信息，您在这边稍微坐一下，喝杯茶，我一定会给您一个满意的答复的。”

顾客看了刘婷一眼，没再说话，但也没有坐下来喝茶的意思。刘婷不敢耽搁，立刻查询起了订房信息。原来，这位顾客确实预订了房间，但是没有进行二次确认，服务人员因此没收到顾客的订单信息。

此时，顾客预订的房间已经有客人在用餐了。刘婷当机立断，将顾客引进了餐厅最高规格的包房。在顾客一脸诧异之际，刘婷微笑着解释了误会，还强调为了补偿顾客，特地为他免费升级了包房。

态度强硬的顾客，此时终于被刘婷的态度和服务折服了，并十分不好意思地跟刘婷道了歉，还夸赞了刘婷。

身在服务行业中，不论是谁都会遇到许多挫折，但是不管怎样，我们都要善于用微笑营造让人心情愉快的环境，千万不要摆出一副冷冰冰的面孔。只有带着愉快轻松的心情投入服务岗位中，才能拥有发自内心的诚挚的微笑，才能感染顾客，从而发挥沟通的桥梁作用。

没人拒绝得了真诚的服务

一个人如果能做到对他人真诚，便会收获朋友；一个服务人员如果能做到对客户真诚，就会赢得信任。

信任影响价值。如果我们能够获得顾客七八分的信任度，可能他不仅会认可我们的服务，还会将我们推荐给适合的亲戚朋友。但如果我们只取得了顾客一两分的信任度，那无论我们多么努力地恭维顾客，顾客都不会信任我们。

真诚的服务，需要情感互动，这是一门艺术，其中涉及很多中国人都知道的“会来事”技巧。

韩冰就是这样一位真诚的服务人员。有一次，她负责的两个厅夏至厅和冬至厅同时开餐，她一个人穿梭在两个包厢之间，忙得不可开交。无奈，韩冰只能先在夏至厅进行开餐服务。在去给夏至厅拿酒水的时候，韩冰顺便去冬至厅看了一眼，发现一位客人正在帮她给其他客人斟茶倒酒，这让韩冰感到十分内疚和感激，赶紧对倒酒的客人表示歉意和感谢。

倒酒的客人非但没有责怪韩冰，反而笑着表示没事，还让韩冰去忙，这里有他就行。韩冰心里十分感激这位顾客，待到夏至厅顺利开餐后，连忙到冬至厅服务，在那位顾客的帮助下，冬至厅的开餐服务进行得十分顺利。

在服务的空档，韩冰了解到冬至厅是单位聚餐，帮忙的客人应该是司机，因为他全程没有喝酒。等到上主食的时候，餐桌上一位领导接到一个电话，需要接收一份文件，帮忙的客人便出去取文件了。等到他回来时，桌上的人基本已经用餐完毕，准备离开了。

韩冰见状，立刻将桌上的主食进行打包，并以最快的速度交给那位帮忙的顾客。那位顾客在拿到食物的那一刻，惊讶不已。他表示自己去了那么多酒店，韩冰是第一个为他打包食物的服务员。

服务就是发自内心地帮助他人，将心比心，以心换心。当我们用真诚的心去对待每一位顾客，设身处地为顾客着想时，就会发现顾客的要求并不高，他们不但能够理解我们，尊重我们，还会感动于我们的每一个小小的举动。而这些感动，足以让顾客对我们的服务印象深刻。

小美是一家鞋店的售货员。

一天上午，一对母女走进了店里。母女计划出去旅游，需要买一双适合外出穿的鞋子。

小美按照顾客的要求推荐了好几个款式，最终顾客看上了一款紫色的健步鞋。结果，门店里却没有适合这位顾客的码数，需要从公司订购一双，但顾客不想订货。不一会儿，顾客又看上了展柜里的另外一双鞋子。但这双鞋子并不适合外出旅游穿，于是小美坦诚地告知了顾客。顾客笑着回应道："那就平时穿，结账吧。"

结账时，小美发现鞋的后跟处有一个不起眼的小瑕疵。小美很想当作没看见，直接给顾客打包，因为当时外面下着雨，她不愿意去别的店调鞋子。但小美觉得不和顾客说，有点过意不去。经过了一番痛苦的思想挣扎，小美坦诚地向顾客说明了情况，并告诉顾客可以从附近的店里调一双新鞋过来。

说完，小美就冒雨去取鞋子了。当小美气喘吁吁地把调回来的新鞋拿到顾客面前时，顾客感动不已，对小美说："姑娘，太感谢你了，你要不和我们说这鞋子有毛病，我们都不知道呢。外面下着雨，你却不嫌麻烦，给我们调了一双新鞋回来，你不像其他店的售货员只想着怎么把货卖给我们，根本没考虑过我们的感受。姑娘，你把之前的那双鞋也给我订一双吧！"

真诚地对顾客好，就是要站在顾客的立场为顾客考虑，而不是站在自己的立场，只顾着自己的钱包能不能鼓起来。那些"看似对顾客好，实则为了赚顾客钱"的行为，做一次两次或许可以蒙混过关，但时间自会锻炼出顾客的"火眼金睛"。

顾客离开，不意味着服务结束

真正优质的服务，是无期的。从我们开始接待顾客的那一刻起，服务就开始了，却永远不会结束。我们要一直提供始终如一的服务，这样才能拥有源源不断的客源，否则，我们很容易将服务做成“一锤子买卖”。

一位顾客在一家影楼工作室拍了一套儿童写真。

在拍之前，店员各种献殷勤。顾客在店员热情的推荐下，选择了一套800元的套餐。

拍完照片，顾客对所拍的照片十分满意。准备离开时，顾客发觉产品有些多，自己随身携带的手提袋有些装不下。顾客在为难之际，看到墙上挂着印有影楼LOGO的手提袋，便向前台表示想要一个袋子装照片和摆台。

结果，前台却说："袋子可以免费赠送，但需要把对本店的好评发送至3个200人以上的群。"

顾客不解，问道："不发就不给袋子吗？"

前台说："不转发的话，您需要支付30元购买。"

"当初说好了包含一切费用，现在袋子却要收费，你们这不是欺诈消费者吗？"顾客有些生气。

前台听顾客这样一说，瞬间拉下脸来，语气不善地说道："套餐费用只包含拍摄期间的一切费用，您现在已经拍摄完了，已经跟套餐无关了。您要是觉得30元太贵，那就转发微信群呗，动动手指头的事。"

顾客本想继续理论，但随行的家人却不想多生事端，便主动要求发送该店的好评到群里。最后，顾客虽然免费拿到了手提袋，心里却不太舒服。顾客打算以后再也不去这家影楼拍照，也不向亲朋好友推荐了。

很多人以为：钱收了，顾客离开了，服务就结束了。然而，事实却并非如此。这个时代消费者的消费思维已经变了，如果做服务的人不调整自己的心态，最终只会被淘汰。顾客离开，并不意味着服务就此结束，服务不但决定着顾客当下是否满意，还决定着他们离开后，会不会将你介绍给其他人。要知道，每一个顾客的背后都有200个潜在的消费者，如果我们服务做好了，这200个人就会转化成我们的顾客。

乔·吉拉德被誉为世界上最伟大的销售员，他连续12年荣登吉尼斯世界纪录大全世界销售第一的宝座，他平均每天可以销售6辆汽车，最高纪录是一天销售了18辆汽车。

当许多销售员沉浸在“拥有新用户”的喜悦中时，乔·吉拉德却在思考如何维系好他的老顾客。在乔·吉拉德看来，顾客离开并不意味着他的服务就结束了。

在乔·吉拉德的电话簿里，他将最忠诚的10位用户设置为单键拨号，这样他只需按一个键就能打给他的“老朋友们”，或许是简单问候几句，或许是聊聊对方最近有什么新业务，自己能不能提供进一步的服务等。

有时候，乔·吉拉德在报纸或是杂志上看到顾客感兴趣的东西，便会随时将内容邮寄给对方。每隔一段时间，乔·吉拉德就会给自己的老顾客们寄一封信，信中会附上新产品的开发信息，也会调查一下顾客的满意度。

乔·吉拉德总会在任何有可能的方面为自己的顾客提供有价值的信息，不管那些事情是否和他的销售有直接关系。

老顾客是最好的潜在顾客，长久的关系始于维护。在顾客离开后，依旧对顾客关怀备至，不管顾客是否再次光临，为他们服务的心却不曾停止。相信没有一位顾客能够拒绝这样的好意，也相信没有一位顾客在享受到这样的服务后，不会将你介绍给他更多的朋友。

用一点耐心，赢得亿点肯定

服务，是一个十分需要耐心的行业。因为人与人成长的环境不同，理解能力和处事原则也不同。不同的年龄段，不同的受教育水平，意味着服务人员付出的时间和精力是不同的。或许有的顾客会让我们感觉很轻松，而有的顾客却让我们感到很费力。这时，如果我们因为不耐烦就拒绝了顾客，或是让顾客感受到了冷落，那我们基本上就失去了这个顾客。

孙珍珍在高速加油站的便利店上班。一天，一个顾客站在香烟柜台前看了半天。孙珍珍感觉这个顾客想要买烟，便走过去问道：“您好，您平时抽什么牌子的香烟呀？”

顾客低着头，一边看着柜台里香烟，一边回答道：“云烟。”

孙珍珍一听，连忙从柜台里拿出两种云烟递给顾客，说："我们这里有两种云烟，您看一下。"

顾客拿起香烟，来来回回看了两遍，问道："是真烟吗？"

"您放心，我们都是从烟草公司直接拿货的。而且我们在这里开店，每天来来往往这么多人，怎么敢卖假烟呢？"

顾客听了孙珍珍的话，似乎还有些犹豫，于是又让孙珍珍拿了一盒软中华、一盒芙蓉王，然后拿在手里反复端详。孙珍珍看着顾客的样子，心中开始不满起来，心想：我都说了不是假烟，还要翻来覆去地看，这分明就是不相信我。这时，又有顾客走了进来，孙珍珍便立刻转身去招呼其他顾客了。

顾客买东西时为什么要问、要挑呢？对商品不了解，所以要问；商品有真假优劣，所以要挑。其实，我们买东西时也如此。因此，我们决不能因为对自己的商品有把握，就对顾客的提问表现出不耐烦；也绝不能因为自己做了售前检查，就嫌弃顾客的挑选。

事实上，顾客只有真正产生购买欲望时，才会对产品进行细致的研究和了解。如果此时我们缺乏耐心，对顾客的热情就会减少一半。没有了热情的招待，那么顾客的购买欲望也可能随时会失去。

作为一名服务人员，每天会迎来许多顾客，挑选、发问是顾客的权利，耐心接待是我们的义务。我们要始终坚信：只要我们用心服务，耐心去和顾客沟通，站在顾客的角度去为顾客着想，就能让顾客成为我们的"铁杆顾客"。

70多岁的陈大爷，在生日当天收到了一则电信发来的祝福短信，他感到温暖的同时，也感到十分困惑，那就是短信后面有一长串领取“生日礼物”的网址，让陈大爷感到束手无措。

陈大爷使用的是老年机，虽然具备上网功能，但是陈大爷不会使用，而且身边也没有年轻的小辈可以帮他领取。再加上陈大爷年事已高，腿脚不便，无法到营业厅去办理。思量再三后，陈大爷拨通了电信的客服电话。

电话接通后，陈大爷第一句话问的就是：“用户是否是你们的衣食父母？”客服人员落落大方地回应说：“是的，用户是我们的衣食父母，请问您遇到了什么问题呢？”

客服人员的回答，让陈大爷放下了戒备心，用不太标准的普通话诉说了自己遇到的困境，希望客服人员能够帮忙解决。在长达十多分钟的叙述中，客服人员没有丝毫不耐烦，始终热情地回应着陈大爷。当陈大爷要求客服人员帮忙领取“礼物”时，客服人员耐心并委婉地告知陈大爷她无法代领这个生日福利，因为生日福利是10GB的流量。在陈大爷明白了10GB的流量是怎么回事后，他希望能够把流量折算成话费给他。

对于陈大爷的这个要求，客服查询了陈大爷的历史账单，发现陈大爷是有语音使用需求的，便提出帮陈大爷将流量包换成语音包的建议。对此，陈大爷不能理解，觉得直接给话费更加简单。为了让陈大爷打消疑虑，客服再次耐心地解释道：“打电话一毛钱一分钟，有了语音包，再打电话时，就不扣账户余额的钱了，只扣分钟数，300分钟的语音包，折算下来就是30元电话费，所以都是一样的。”

听了客服人员的解释，陈大爷这才放下心来，认可了客服人员提出的解决方案。之后，陈大爷逢人便讲这件事，言语中尽是满意和感谢。

服务需要热情，也需要耐心。耐心似水珠，看似沧海一粟却能掀起惊涛骇浪；耐心似钉子，看似微不足道却能盖起万丈高楼。作为服务人员，我们耐心地对待每一位顾客，就能让顾客感受到我们是他们最可靠的力量。而我们也能从顾客的肯定中得到快乐，并有所收获。

尊重顾客，就是尊重自己

在服务行业，“以貌取人”的情况屡见不鲜。对于有身份有地位的顾客，就笑脸相迎，甚至阿谀奉承；对于普通百姓，就嗤之以鼻，懒得理睬。这种差异性的服务，不但会让顾客感到很不舒服，对服务本身也是一种亵渎。

近年来，网络直播卖货势头越来越猛，王莉（化名）因为口齿伶俐，头脑灵活，选品负责且价格公道，她的直播间一年多就积累了大批粉丝。然而，随着进入口袋的钱越来越多，王莉的态度也变得越来越傲慢。

在一次带货新品时，直播间的粉丝质疑新品的价格有些高，王莉非但没有耐心地向粉丝解释价格高的原因，反而说：“产品有市场定位，如果你觉得价格高，那说明你不是这个品牌的目标客户群体，你可以去买别的廉价的产品。”旁边的小助理赶紧推了推王莉，示意她的话有些不合适，王莉却丝毫没有意识到自己的问题。

短短一句话，让直播间掉粉无数。王莉花了一年多时间积累起来的粉丝，一夜之间损失了一多半。

意识到事态严重的王莉，第二天特地在直播前诚恳地向粉丝们道了歉，尽管她说得声泪俱下，但粉丝们也不买账了。与此同时，各大品牌商看到王莉口碑受损，纷纷终止了与她的合作。

尊重，是人与人之间的基本法则，不管我们面对的是怎样的顾客，有着怎样的身份和社会地位，我们都应该尊重对方。一个人的生命价值，不是由金钱和地位这些外在条件决定的，内在的善良永远比外在的风光更加重要。在服务人员的眼中，人不应有高低贵贱之分，任何一个顾客，都值得被尊重。

这里的尊重，绝不是社交场合的礼貌，也不是职业性的应付差事，而是发自内心地对另一个生命的理解、关爱、体谅和敬重，不含有任何功利心，不受任何身份地位的影响，是一种最纯粹、最质朴的人间真情。

在一家生意很火爆的甜品店门口，来了一个衣衫褴褛的乞丐。当他畏畏缩缩地靠近烤炉时，周围的顾客都露出了厌恶的神色。为了不使生意受到影响，店员连忙出来让乞丐离开。

乞丐拿出几张皱皱巴巴的小额钞票，说道：“我不是来乞讨的，听说这里的点心很好吃，我想买来尝尝。我攒了很久，好不容易才攒够这些钱。”

这一幕被店里的老板看到了，老板拿出两个新鲜出炉的点心，递给了乞丐，并朝乞丐深深地鞠了一躬，说道：“多谢关照，欢迎再次光临。”

很多人对此表示不解，因为每天来来往往的顾客很多，通常都是由店员负责招呼。这个乞丐，却由老板亲自招呼，并且还毕恭毕敬。一个乞丐，值得老板这样吗？

老板认为值得。对于有钱人来说，买一份点心是轻而易举的事情。但对于乞丐来说，为了尝一尝自家的点心，攒钱来购买，实在是难能可贵，如果不用心去招待，实在对不起乞丐的这份厚爱。更何况，乞丐并不是来乞讨的，他是来消费的，是名正言顺的顾客。只要是顾客，就应当被尊重。

这个老板是日本著名的大企业家堤义明的爷爷。爷爷对乞丐鞠躬的画面，深深地印在了当时只有10岁的堤义明脑海中。堤义明在成为老板后，曾多次给自己的员工讲述过这个故事，并要求自己的员工也要像自己的爷爷一样，尊重每一位顾客。

尊重顾客，就是尊重自己，尊重自己的这份职业。以貌取人、区别对待顾客的态度，并不能证明我们有多高贵，反而会让我们变得庸俗。如果我们希望得到顾客的尊重，那么就先从尊重顾客做起吧！

服务的本质，是服从

在服务行业，每一个服务人员都知道一条金科玉律——“顾客永远是对的”，但真心认可这句话的人却寥寥无几。有的人认为，顾客也是人，怎么可能不犯错？还有的人认为，错了就是错了，不能惯坏了顾客……

我们要理解“顾客永远是对的”这句话，首先就要弄清楚服务的本质是什么？服务的本质是服从。顾客是付钱的消费者，而我们是收钱的服务者，顾客付钱购买我们的产品或服务，最终的目的是想得到开心。如果我们为了一时之气跟顾客争对错，那势必会影响顾客的心情。

少年时期的斯塔特勒在一家酒店当行李员。有一天，正在大堂工作的他，看到一位顾客怒气冲冲地从餐厅里出来，直接奔向了前台主管。

“你们餐厅的服务员居然和我争论！”客人控诉道，“你来说说究竟谁对谁错？”

主管不知道事情的原委，便问道：“发生了什么事呢？”

“你不要管发生了什么。你只需要告诉我：我们之间的争论，到底谁对谁错？”

主管觉得自己有必要弄清楚事实后再做判断，便提议道：“我能听听服务员那边的说法吗？”

客人此时已经火冒三丈，大声喊道：“没有这个必要。”

主管觉得这个客人一定是喝多了，同时觉得此时此刻自己应该维护同事的尊严，便说道：“我认识那位服务员已经很长时间了，以我对他的了解，如果他有错，他也绝对不会与顾客争吵。”

主管的言下之意，就是认为服务员是对的。客人在听到这番话后，立即返回他的客房，收拾行李离开了酒店。

目睹了这一切的斯塔特勒，把这件事记录在他随身携带的小本上。而这一举动恰巧被酒店的老板看到了，老板很好奇斯塔特勒在本子上记了什么。斯塔特勒把小本子递给老板，上面写着一句话：“客人永远是对的。”

老板看了后，问斯塔特勒道：“难道你不认为这样对那位服务员不公平吗？难道不应该听听他的说法，再做出‘对错’的判断吗？”

斯塔特勒回答说：“不管服务员说什么，他都不应该跟顾客争论，不是吗？我们因此失去了一个顾客。”

老板听后，若有所思地离开了。一个月后，斯塔特勒被晋升为前台主管。再后来，斯塔特勒打造出了斯塔特勒连锁酒店集团，被誉为“现代酒店之父”。他的每一家酒店的大门口都挂着一块牌子，上面写着“客人永远是对的”。

我们从小受到的教育就是要明辨是非，而现实世界并非如此。不同的人对同一件事有不同的看法，其实只是所站的立场和所持的视角不同而已，并没有对错之分。

比如：我们给顾客推荐了一款产品，顾客却说产品太贵了。我们能说顾客错了吗？站在顾客的角度考虑一下，他们只听到了价格，对产品的作用等都还没有深入的了解，或者顾客觉得自己不需要这个产品，那么这时不管这个产品是什么价格，他都会说这个价格太高了，这难道就错了吗？

因此，我们首先不能以自己的是非对错观去评价顾客，不要过早地下定论，也不要武断地判断问题，更不要因为立场、观点不一致，就与顾客争论。争论的结果，只能是双输。

正确的做法是，当顾客不能跟我们达成一致时，不要把原因归于对方，也不要怪对方太顽固、太挑剔。我们没办法改变顾客，只能努力去发现自己的不足，有可能是我们的切入点有问题，也有可能是我们没有找对顾客的需求点……退一万步讲，或许我们一点错都没有，但我们也要抱着“顾客永远是对的”的态度去服务顾客。

怀特的父亲经营着一家家具店。

一天下午，12岁的怀特正在清扫家具店的地面，一个上年纪的妇女走了进来。怀特连忙上前接待这名顾客，并热情地问道：“我能为您做点什么吗？”

顾客回答说：“噢，是这样的。我以前在你们店里买了一张沙发，现在它的一条腿掉了。我想知道，你们什么时候能帮我修好？”

“那您是什么时候购买的呢？”怀特问。

“有10年了吧。”顾客回答说。

送走顾客后，怀特将这一切告诉了父亲。他原以为父亲会说：“都买了10年了，早已经过了保修期了。”

结果，父亲却说：“收拾一下工具，下午就去修沙发。”

下午，怀特和父亲给那位老妇人家的沙发换了一条腿后就离开了。回家的路上，怀特十分沮丧。父亲问他：“为什么不高兴呢？”怀特说：“您心里明白，我想要去上大学。如果总是这样跑大老远地来给人免费修沙发，到头来我们能挣几个钱呢？”

父亲语重心长地说道：“不能这样想，你得尊重你的顾客。况且，学着做一些修理的活儿对你没有坏处。另外，你今天错过了最重要的一个细节。我们把沙发翻过来后，你有没有注意到那上面的标签？其实，这张沙发不是从我们店买的，而是从西尔斯家具店买的。”

怀特听到这里，惊讶地瞪大了眼睛，问道：“您的意思是，她根本就不是我们的顾客，而我们还为她免费修理沙发？”

父亲看着怀特的眼睛，郑重地说道：“从前她不是，但从今以后她就是我们的顾客了。”

果然，两天后，那位老妇人再次光顾了怀特家的家具店，并购买了价值几千美元的新家具。

事实上，顾客不总是对的，甚至有时明显就是错的。那我们为什么还要认为“顾客永远是对的”呢？

试想一下，我们据理力争，把顾客说得哑口无言，让顾客认识到了自己的错误，又有什么用呢？顾客会因此更加信任我们，更加青睐于我们吗？显然是不能的。相反，抱着尊重顾客的态度，抱着“顾客永远是对的”这样一种理念，以理解的方式处理顾客遇到的所有问题，甚至主动把责任揽过来，达到让每一位顾客满意，我们输了一时之气，却赢得了一个永远的顾客。孰重孰轻，立见高下。

热情周到，让服务传递温度

服务工作一定要做到热情、周到，不厌其烦，这是对服务人员的一项基本要求。热情是指服务态度要热情诚恳、感情真挚亲切，并且十分主动，做到“眼勤、口勤、手勤、腿勤”；周到即对顾客的需要要想得细致，努力满足顾客的要求。

王师傅是某公交集团分公司第七车队的驾驶员。多年来，他一直秉承着热情周到的服务原则。平时沉默寡言的他，一坐进驾驶室，就变成了“话痨”，“请”“您”“谢谢”“不客气”这些语句已经成了王师傅的口头禅。

细心的王师傅还发现，乘客有“三怕”：老年人怕摔碰、上班族怕迟到、外地乘客怕坐过站。根据乘客的特点，王师傅坚持在工作中做到了“两等一提醒”，即遇老年乘客上车主动搀扶，等老年乘客扶好、坐稳后再起步；遇追车乘客，多等一会儿，让其能赶上车；遇外埠乘客多提醒，避免过站。

在一个冬天的早晨，天上下着茫茫大雪。王师傅在驾车快到地震局站时发现，离站牌不远处有位老人正在边往站台赶边招手拦车。由于路面结冰，老人虽然走得很慢，内心却十分焦急。见此情景，王师傅赶紧停稳车辆，在征得乘客的理解后，将老人搀扶上车，并在乘客的配合下，在前排给老人安排了座位。老人坐稳了，他才平稳起步。车到了终点，王师傅把车停稳后又将老人搀扶着下了车，然后才开车离开。

直到车辆驶出了站台，那位老人还站在雪地里久久没有离开，一直目送着王师傅的车远去。被王师傅一路上的真情服务深深感动的老人，事后又赶到总站，找到了当班调度员询问他的姓名，一再要求当面道谢。后来，这位老人经常乘坐王师傅的车，有时甚至特意多等几趟就为了跟王师傅打个招呼、说几句话。

王师傅热情周到的服务，赢得了乘客的赞扬和认可，20年间共收到各类表扬300余次。对于王师傅来说，每一条公交线路都有起点和终点，但热情周到的服务却只有起点，没有终点。

客户服务人员无论是一个冷漠的表情、一个粗鲁的动作，还是一个善解人意的微笑、一句热情的话语，客户都会感受得到；一个小小的努力或失误，所产生的结果截然不同。热情周到的服务，就是架起顾客和服务人员之间良好关系的桥梁，并且这座桥梁会源源不断地输送温暖给顾客，让顾客感受到我们的体贴和用心。

热情和周到不仅仅是指在服务前和服务中，顾客离开后服务的热情周到更能体现一个服务人员的服务素质。

陈小姐去某大学办事时，她的车在教职员工停车场被偷了。陈小姐立刻报了警。然而，警方要求陈小姐必须提供车牌号码和汽车的出厂序列号，而她根本就记不得第二个号码，于是只好打电话给当初卖车给她的4S店服务员。可是，4S店的服务员却表示，时间太久了，店里已经没有备案了。情急之下，陈小姐想到了当初办理车险时曾经留过汽车的出厂序列号。于是，她抱着试一试的心态打电话给保险公司的经纪人小王。

令陈小姐意外的是，小王在接到电话后，没有任何推脱，而是第一时间就在电脑档案里找到了陈小姐丢失的那辆车的全部资料，将信息告诉陈小姐后，小王还暖心地安慰道："您别着急，车丢的时间不长，找回来的概率很大。"

这句暖心的话，让陈小姐十分感动。更让陈小姐感动的是，当她挂断了电话，报完了警后。小王又打来电话，这一次不是安慰她，而是把投保人应享受的全部权利逐条向陈小姐做了解释。他还劝陈小姐放宽心，说保险公司会对陈小姐负责到底的。

报案后，警方和保险公司的行动都非常迅速。警方立即通知全县巡警查找拦截此车。保险公司派驻本地的稽核员在第二天上午再次打电话来，说陈小姐这辆车保了全部险种。如果30天内，车辆能找到，公司将视损坏情况赔付修理费；如果找不到，公司则将按照汽车的现行市场价格向陈小姐赔付损失。

之后，陈小姐又接到了小王的电话。电话里，小王给陈小姐联系了一家租车公司，并通过保险公司，为陈小姐减免了部分租车的费用。陈小姐正为没有车出行而感到困扰时，小王的这个举动无异于“雪中送炭”。当陈小姐赶到租车公司后，汽车已经准备好了。

第二天晚上，陈小姐的车就找到了，只是因为偷车人出了车祸，导致汽车车头部分被撞坏了一块。在得知汽车找到的消息时，小王马上赶到陈小姐家中去看车。他拍了几张车辆的照片，表示会尽快把修理费估价算出来，同时告诉她可以去本地任何一家修车行修车。三个小时后，陈小姐就收到了小王发送过来的修理费估价表。

车子刚刚送到修理厂，陈小姐就收到了来自保险公司的赔偿。

热情周到，是服务的核心。缺少热情，不够周到，服务就失去了其真正的含义。对于服务人员来说，热情周到不仅仅让我们得到了顾客的认同，对我们自身也产生着积极的影响。当我们充满热情地去服务时，生活也充满了意义。

Service

Determines Everything

第三章

细节，决定了服务的成败

所谓细节，就是别人容易忽略的地方、别人不屑争取的地方、别人发现不了的地方。而服务，就是在这些别人不看重的地方做出成效。完善细节，或许不一定会让我们的服务如虎添翼，但任何细节的疏漏都有可能导致服务的失败。

将顾客的姓名牢记心间

不管一个人在社会上的地位如何，当他作为消费者出现时，内心都是自带优越感的。这就意味着每一位顾客都有被尊重的需求。如果这种需求没得到满足，顾客的心理会落空，用户的体验就会变差，从而不会再上门。

而让顾客感受到自己受尊重的方式中，“记住顾客的姓名”绝对可以排在前三位。当我们在众多的客户里面能记住他们，一眼就能认出他们，对于客户来说，觉得自己是被我们重视的，而客户回馈给我们是更深层次的合作。因此，对于服务人员来说，记住每一个客户的长相和名字，这一点非常重要，也非常有用。

严长寿是我国台湾地区的“饭店业教父”。他说：“客户不是要排场，而是需要被关怀、被重视，一个能够打动客户内心的关怀，要胜过上亿的装潢。”

为了实现“打动客户”这一目的，严长寿在接待客户的流程上十分用心。他规定：饭店工作人员赴机场接客人时，在把客人送上车之后，就要立刻打电话通知在饭店的服务生，并在电话里告知对方，车里什么位置上坐的是哪位先生或是哪位女士。这样，在客人抵达饭店后，饭店的服务员便能够在第一时间亲切地喊出客人的名字。这不过是一个小小的细节，却时常会让顾客感到很惊喜，同时也觉得自己受到了尊重。

戴尔·卡耐基曾经说过：“说出对方的名字，这会成为他所听到的最甜蜜、最重要的声音。”服务员能够叫出顾客的名字，会使顾客感到亲切、融洽；反之，对方则会对你产生疏远感、陌生感，进而加深双方的隔阂。可能有人认为：能记住所有顾客的姓名，是一种天赋。实际上，这是本事，不是天赋，要想记住顾客的姓名是要花工夫的。

在一片小区内，有十几家租户。有一天，其中一家只租了一层面通用厂房的某企业部门总管来找管理员。然而，管理员张冠李戴，把对方的名字叫错了。该部门主管立刻拉下了脸，说：“你看不起我们小公司啊？”之后的几个月，该部门主管便故意拖缴物业管理费。

管理员因此受到了上级的处罚。痛定思痛后，管理员把厂区内十几家租户、近百位重要人员（上自总经理，下至与物业公司有关的一些部门总管、经办人）的姓名都背得滚瓜烂熟。

后来，有一个新公司进驻。管理员通过各种渠道得到了新公司主要成员的姓名，然后背熟。当碰面时，管理员便会主动打招呼。这一举动，让新公司特别感动，连连称赞物业管理到位。

可见，记住客户的名字，并不是一件轻而易举的事。服务人员若是想把顾客的名字和面孔正确匹配，需要练习以下技巧。

第一，我们要有充分的自信心，相信自己完全能够记住顾客的名字和相貌。如果你没有自信，总抱怨自己记性差，记不住人名，那么积极性就会受到影响，结果真的就记不住了。

第二，我们要锻炼自己的观察能力，集中注意力观察顾客的面部特征、肢体语言，以此作为记忆点去记忆顾客。我们的观察技巧越熟练，就对顾客的相貌差异看得越清楚，对我们记住顾客的帮助就越大。

第三，在看到或听到顾客的名字时，我们要有意识地加以注意。许多人根本没注意听，那自然就记不住了。

第四，如果你没有听清楚顾客的姓名，可以礼貌地问一句："对不起，可以再重复一遍吗？"即使你已经听清楚了顾客的姓名，为加强记忆，也可以礼貌地要求顾客再说一遍，这样还可以避免听错记错。

第五，在听到顾客的姓名后，你可以直接重复一遍顾客的名字，并问对方自己的读法对不对。这时，即使你读得不太准确，顾客也愿意耐心地告诉你正确的发音。因为他感觉到你很重视他，你在努力地记住他的名字。

第六，在服务的过程中，尽可能多提顾客的姓名。这种重复能够帮我们更牢固地记住顾客的姓名。当服务短暂停歇时，我们还可以在心里默默重复顾客的姓名，以达到加强记忆的效果。

第七，我们要学会事后“复盘”，顾客离开后，并不代表我们今后不会再见。因此，我们要设法在脑海里一一闪现服务过的顾客的姓名、相貌。最好把客人的姓名、联系方式记录在专门准备好的地方，时常翻翻看看以增强记忆。

只要稍加训练，记住经常往来的顾客的名字是不成问题的。记住你客户的名字，这将充分表现出你对他的重视。而你对顾客的重视，将换来顾客对你的重视。

将“你们”变为“我们”

人们常说：“说者无心，听者有意。”因此，在与顾客交流的语言上，服务人员总是百般小心，甚至会为此专门研究出一套话术来面对顾客。可是，很多人抓住了大方向却忽略了小细节。有时候，仅仅是一两个字，也会让顾客感到不适。比如：“你们”和“我们”，两者虽然仅有一字之差，听到顾客耳朵里的效果却天差地别。

薛梦是一名珠宝销售员，只不过她们的珠宝并不是什么大品牌，供货渠道与商场里其他几家珠宝店差不多，因此珠宝的款式也都大同小异。在这种情况下，想要争个高业绩，就十分考验服务水平。

有一天，柜台前来了一个中年女士。只见这名中年女士绕着柜台转了一圈后，指着其中一条项链说道：“你们这款项链，好像跟那家差不多。”说着，她用手指向商场的另一端。薛梦听了，笑着说：“我们都是一个厂家的货，所以有相似的货很正常。”

“哦，你们都是一家的货呀！那价格呢？也一样吗？”顾客问道。

“价格也是一样的。”薛梦一边说着，一边从柜台里拿出了那条项链，递到了顾客手中。

顾客接过项链，撇着嘴说：“好看是好看，就是太贵了。你给我便宜点，我就从你家买了。”

薛梦为难地摇了摇头，说：“请您理解，我们都是商场统一定价。要不，我先帮您戴上试试？”

顾客犹豫了一下，便同意了。

薛梦一边帮顾客试戴，一边说：“咱们女人呀，一旦结婚生子，心思就都花在了家庭上，给孩子买多贵的东西都舍得，给自己就要精打细算一番。”

话说到这里，项链也戴好了，顾客对着镜子左照右照，薛梦刚刚说的话让她开始动摇了。

这时，薛梦又继续说道：“您看，戴上多漂亮呀，是不是整个人的心情都不一样了？我们应该为自己活一次，不用在意他人的目光，也不用考虑老公孩子，只要自己开心就行。您别看我天天卖首饰，可是我连一件像样的首饰都没有。等我有钱了，第一件事就是好好买一件首饰。”薛梦的话，无形中把自己和顾客放在了同一立场上，同时也说到了顾客的心坎上。

“对，我应该为自己活一次。其实这价格，我也不是买不起，就是舍不得花这份钱。但听你这样一说，我觉得我也应该‘任性’一回，今天就买了这条项链。姑娘，给我包起来吧。”

临走时，顾客还对薛梦说：“好好干，姑娘。总有一天，你也能买得起你喜欢的首饰。”

当我称同行为“我们”时，就打破了顾客心中的顾虑；当我们对顾客说“我们”时，会给顾客一种心理的暗示，即服务人员和顾客是在一起的，是站在顾客角度考虑问题的，瞬间会让顾客感受到服务人员的亲近，心里的天平自然就会产生倾斜。一字之差，立场就改变了，立场的改变可以为我们带来更多的客户。

当我们和顾客站在同一战线的时候，我们就会产生思想上的共鸣，就能毫不费劲地说服顾客。只要你稍加留心，就会发现那些受欢迎的、业绩高的服务员，他们从来不会对顾客说“你们”，只会说“我们”或是“咱们”。在服务行业，人们花钱买的就是舒心。你让顾客舒心了，他才愿意花钱。不要小看这些细节，在服务行业中，细节往往决定着成败。

同时，把“你们”变为“我们”，也不是简单地把字转化一下，还需要我们从心态上做出根本的转变。

首先，我们必须有一颗强大的内心。很多人都说“同行是冤家”，有时候为了争订单、抢顾客，和同行吵得面红耳赤。殊不知，这样的行为不但留不住顾客，还会让顾客对我们的人品产生怀疑。所以，我们在面对同行时，要把同行看作是战友，合力为顾客提供更加优质的服务。当我们拥有了“容人之心”，顾客就会被我们的人格魅力所征服，从而令我们的生意越来越好。

其次，真正地站在顾客的立场上。不是我们称顾客为“我们”，我们就能真正走进顾客的心里，在顾客面前，想要把“你们”改成“我们”，就需要真正站在客户的立场上想问题，真正为顾客考虑问题。

不要小看这一字之差的细节，细节决定成败。需要注意的是，和顾客称“我们”，需要一定的感情积累，如果一上来就跟顾客说“我们”，有时可能会显得很突兀，有套近乎之嫌。

为你的顾客准备“专属档案”

对比以下两种服务方式，你更喜欢哪一种呢？

第一种：

顾客：“您好，我想预订一个房间。”

服务员：“好的，您对房间有什么要求吗？”

顾客：“我上次住的那个房间就挺好，还有吗？”

服务员：“您上次预订的房间？您稍等一下，我这边查询一下。哦，还有的。现在帮您订上吗？”

顾客：“现在就订上吧。”

第二种：

顾客：“您好，我想预订一个房间。”

服务员：“好的。给您订了1505，这个房间朝阳，既可观景，噪声又小，环境还好。”

顾客：“你怎么知道我想要住这样的房间呢？”

服务员：“您上次来入住过，并且给了房间五星好评。所以，这一次就根据您的喜好进行了选房。不过遗憾的是，您上次入住的房间已经有人入住了，所以这边给您换了一间基本相同的房间。”

如果你是顾客，相信一定会选择第二种服务。服务并不是客户要吃就给吃，要喝就给喝，要住就给住……以为满足他一系列需求就可以了。服务还需要从细节入手，了解顾客，掌握顾客的喜好，为每一位接触过的顾客建立专属的“服务档案”，这样才能得知客户的真正需求，有了明确的努力方向，你的付出才能得到客户的认可。

有这样一家小面馆，每到中午用餐的时候，要求送餐的电话就此起彼伏，这导致许多顾客都因为打不通送餐电话而订不到餐。于是，老板灵机一动，增加了好几部电话。这样一来，订餐电话可以打通了，但订餐数量也成倍地增加了，导致短时间内无法按时做好顾客订购的餐点并及时送去。

与此同时，面馆也是一片混乱，服务员每天手忙脚乱，陷入了进退维谷的状态。正在大家苦无良策的时候，老板注意到了顾客的订购记录，一个念头在他头脑中逐渐形成。老板将顾客的订购记录都收集了起来，然后按照住址和订购的面点的品种进行分类，结果发现要求送餐的面点中阳春面、热干面、肉丝面三种就占了85%以上，而顾客绝大多数是附近几家工厂和住宅小区里的人。

根据收集到的这些资料，老板订购了一辆车，装上小型的厨房设备，可以用来煮面。然后，每天到了午餐的时候，这辆车就带着煮阳春面、热干面、肉丝面的材料，开到附近的工厂或住宅区待命。当店里接到订餐电话后，如果餐车里的供餐条件可以满足顾客的要求时，便会通知餐车备餐和送餐。

自从有了餐车的业务，面馆的送餐业务几乎可以做到随叫随到了。味道美，送餐快，面馆更受欢迎了，而老板的利润自然也是成倍地增长了。

成功的服务，往往都是从收集顾客资料开始的。或许很多服务人员对收集顾客信息感到束手无策，不知道该怎么进行，才能显得不是在打探顾客的“隐私”。其实，收集顾客信息，并没有我们想象的那样复杂，只需要做到以下几点，收集顾客资料就不再是难题。

第一，提前准备资料。如果你接触的顾客是一些响当当的人物，那他们的资料再好获取不过了，一般网上都能查到其基本信息。在得知客户的基本信息后，当我们面对客户时，就能做到进退有度，给客户提供意想不到的完美服务，同时也能避免出错。

第二，提前主动询问。在联系到顾客，并且还未与顾客见面之前，可以有技巧性地询问一下客户信息。这样可以在某种程度上，让客户感觉到自己受到重视，顾客也会很乐意把自己的信息说出来。

第三，掌握询问技巧。在询问顾客信息时，要用一种征求客户意见的语气而不是查户口的语气进行询问。有时，问法不对反而会引起客户的反感。比如：“请问您是否有传染病？”这样的问题一经问出，就已经把顾客给得罪了。正确的问法应该是：“您是否有什么禁忌？可以提前告知我们，我们会提前做好准备。”

第四，服务中处处留心。人与人之间的差别，说大不大，说小也不小。很多习惯不是简单地通过问询就能够得知的，还需要我们拥有极强的观察能力，从顾客的一言一行中发现顾客的习惯。然后，按照顾客的习惯为其服务，服务的效果一定倍增。

第五，事后做好记录。送走顾客后，并不意味着我们就没有可记录之处了。凡是我们接触过的顾客，都应及时对客户的资料做详细的记录，以便于下次给顾客提供服务时，不用再大费周章地查询。同时，我们还可以在顾客不提醒的情况下，做到让客户满意，达到预期的服务效果。

顾客资料不是收集到了就可以了，档案也不是建立起来就万事大吉了，如果你只是把服务当成一种流程，那么再多的客户资料也没用，不能长久地留住这个客户。我们所做的这一切，目的都是更加用心地为顾客服务，并在服务中投入自己的真实感情，要让顾客真实地感受到我们的关怀。只有这样，资料才有了存在的意义，档案也不是单纯的摆设了。

记住一些特殊的日子

现如今，服务中的人情味被注入得越来越浓厚了。为了留住顾客，一些特殊的日子成了服务员眼中十分重要的日子。

比如，在顾客生日即将到来之际，给顾客发一个祝福短信；或者在逢年过节，给顾客发去一些问候，都能让客户记住我们，并把我们当作朋友。因为特殊的日子肯定有其不同的意义，这些时刻带来的感动会更容易打动顾客。

在南方打工多年的刘桂玲想回乡创业。她家门口就是一所小学，所以家附近有很多“小饭桌”。一天下午，刚好是放学时间，刘桂玲经过一家“小饭桌”门外。看到小饭桌的阿姨们对孩子们推推搡搡，嘴里还命令着：“赶紧坐好，一会儿要开饭了。”刘桂玲心想：难道父母掏钱，就是为了让孩子享受这种服务吗？

在回去的路上，刘桂玲便想好了自己要做什么，那就是打造一家以服务为卖点的托管中心。找了一家店面简单装修后，刘桂玲便开始了招生工作。跟一般的小饭桌不同，刘桂玲将人数严格控制在30人。很多家长看中了这一点，便将孩子送了过来。家长后来发现，刘桂玲的托管中心可谓“内有乾坤”。

饭菜、管理等方面自然不必说，最让家长们感动的是，刘桂玲记住了每一个孩子的生日。每当到了孩子生日那天，刘桂玲都会在征得孩子父母同意的情况下，为孩子准备一个蛋糕，然后组织托管班的孩子一起为其庆祝生日。

如果仅仅是记住孩子的生日，还不足为奇，刘桂玲还记住了孩子父母的生日。并且会在父母过生日之前，提醒孩子爸爸或妈妈要过生日了，并亲自帮孩子给家长准备生日礼物。还有父亲节、母亲节、妇女节等节日，刘桂玲都会准备一些小礼物，让孩子回家后送给自己的父母。

最让家长们感动的一次，是有一年的重阳节。刘桂玲教孩子们一首敬老的诗歌，还给孩子们讲了“二十四孝”的故事，让孩子们回家后向父母表达自己的孝心。很多孩子回家后，会主动给父母端水、铺床，还有的孩子会给父母捶背、洗脚……

从一开始只想着孩子能有口热乎饭吃，到后来惊喜于孩子的成长，再到主动为刘桂玲宣传，三十个孩子的名额很快就招满了。有一些没有排上号的家长，还时不时地找刘桂玲说情，希望她能收下自家的孩子。

第二年，刘桂玲就扩大了经营，同时也扩招了人数。与第一年不同，刘桂玲没有发传单，也没有搞开业典礼，学生人数就达到了上限。

很多服务人员不屑于在这些细节上下功夫，总觉得既浪费时间，成效又不大。顾客绝对不会因为一条生日短信就愿意买单。但是，往往是细微之处，才最容易见真情。越是别人注意不到的地方，越容易打造出意想不到的服务效果。顾客或许不会因为一条短信就成为我们的忠实顾客，但顾客一定会因为一条条短信，而注意到我们。“感情化”服务的投入，会让顾客对我们产生一种特殊的感情。这能够为我们留住客户上一把锁，同时将良好的口碑宣传出去。

但需要注意的是，不要让特殊日子的问候变成了“流水线”工作。例如：过年时，给所有的顾客发送网上转发的信息；或者在顾客生日这天，发一条毫无感情的生日祝福。这样的信息，是无法引起顾客的情感震动的。那么，我们具体该怎样做呢？

首先，记住客户的生日或其他有纪念意义的日子。在普通的节假日来临的时候，给客户发个短信问候一下就好了。但是在特殊的日子，如客户的生日这一天，我们给顾客以真挚的祝福，那这“祝福”的分量一定要不一般。试想一下，当一个和我不太熟悉，只见过两三次面的人，在生日这天送来关心和祝福，哪怕知道这祝福里掺杂着些许“利益”成分，也依旧会十分感动。

其次，给客户送上特别的感动或惊喜。在日常的接触中，我们要留心客户的爱好和习惯。正所谓：“知己知彼，百战不殆。”当你获悉你的客户喜欢瓷器时，你就特地准备一套精美的瓷器用具，然后在顾客到来时，用它来招待顾客。当顾客忍不住夸赞瓷器时，你可以大方地将瓷器送给顾客，那么顾客一定会感到受宠若惊。

当我们利用特殊日子的问候，让顾客对我们产生了特殊的感情时，我们就等于为未来铺好了路，不管客户走到哪里都不会忘了我们，同时也会一直想着如何回报我们的这份“深情”。

让等待的时间变得短一些

当今社会，人们的生活节奏变得越来越快，而时间就是金钱，这意味着对服务行业的工作效率要求也越来越高了。对于顾客而言，如果享受到的是效率低下、动作缓慢的服务，就相当于在浪费时间和生命。

首先，对于来店消费的顾客而言，等待就意味着这段时间里没有可以做其他事的机会，时间一长就会产生厌烦、焦虑和其他负面的心理反应。其次，顾客会感到无聊。在排队期间人们无法做自己喜欢的事或有目的的事情，这种空闲或者无所事事会让人感觉很难受，通常排队时只能任凭服务员摆布，这也会令人感觉不舒服。最后，当一位顾客看到后来的人比自己更早接受服务而自己还不知道会等多久时，常常会很恼火，甚至暴跳如雷。

然而，对于很多服务人员来说，他们并未注意到这一细节，也不觉得自己耽误了顾客的时间。甚至一些零售业，为了营造产品“火爆”的现象，故意放慢服务速度，让顾客“久等”。只能说，这样“虚张声势”的做法，偶尔用一次还行，若是长期使用，只会令顾客遗弃我们。毕竟，没有人喜欢等待，哪怕是再喜欢的东西，也不会一而再再而三地付出时间成本，更何况是找替代品如此简单的今天。因此，真正想把服务做好的人，应该会想方设法缩短顾客的等待时间。

小阮在某县城开了一家面包店，由于地方小、顾客少、店铺多，小阮的面包店生意一直不太好。为了在众多的竞争对手中脱颖而出，小阮可谓下足了功夫，到处学习营销手段。

人家说要创新，小阮便花巨资专门去学习了网络上暴火的“烟囱面包”。人家说，要造势，才能打开销路。小阮便花钱雇了几个“群众演员”，一边打出促销的牌子，一边让“群众演员”排队来买。很多路过的人，看到这家面包店如此火爆，纷纷停下脚步，加入了排队的行列。

小阮看到此情景，便悄悄地嘱咐面包师傅和打包人员，让他们稍微放慢点速度，这样就能延长等待时间，等待的人越多，造出的声势就越大。与此同时，小阮又把人们等待的场景拍成了小视频，传到了网络上，很多当地人看到了以后，都慕名前来购买。

就这样，小阮面包店的门口从早到晚都排着长队。顾客们想要买一个“烟囱面包”，往往要等上一个多小时。然而，这场面只维持了三天，就偃旗息鼓了。

一来，面包的味道说不上难吃，但也绝不是到了吃一口就忘不了的地步；二来，第一次购买就排队排半天，给很多顾客造成了心理阴影，宁愿不吃也不想再遭排队的罪了。

其实，创新和“饥饿营销”都没有错，用得好对商家是十分有利的“武器”。但同时也要把握好分寸，尤其是在客户等待的过程中，你要将服务做好，这样才能得到顾客的认可和支持。

虽说等待是服务的一部分，但是为了提高客人的服务质量评价，我们就要学会有效管理客人的等待时间，使客人在等待中得到良好的服务经历，留下美好的服务体验。从喜茶的成功经验来看，我们可以从以下方面着手，去缩短顾客的等待时间。

第一，尽量优化服务流程。很多时候，我们让顾客等待都是因为服务中有太多烦琐以及不够流畅的地方，因此，我们要学会让服务流程变得科学、合理和简化，尽量让客人在较短的时间内接受我们的服务。

第二，苦练基本功，提高服务效率。俗话说“熟能生巧”，不断地勤学苦练，也是提高服务速度的有效途径之一。我们熟练一点，顾客就能少等一会儿。减少排队的时间和人数，还可以大大提高我们的经济收益。

第三，开辟等待区域，充实客人的等待时间。相关的充实物不仅可以转移正在等待的客人的注意力，还可使他们认为服务已经开始，会使等待时间看起来很短暂，不那么难熬了。

时间是客观存在的，它只会一如既往地流逝。如果我们无法缩短顾客现实中等候的时长，那么就要想方设法减少顾客的心理等候时长，或许放一首歌、印在单册上的小笑话，只要将很小的事情做好了，顾客就会感受到我们的用心，从而选择相信我们。

别让坏习惯，扫了顾客的兴

有的人会奇怪，为什么自己尽心尽力去服务了，为什么最后还是没能留住顾客呢？如果你已经做到了服务行业的标准，还是没能留住顾客，那么有可能是你的个人习惯影响了你的工作，而这恰恰是最致命的。

一个习惯的养成，需要花费大量的时间。很多习惯一旦形成，就成了下意识的动作。因此，一个好的习惯会让你受益一生，而一个坏的习惯则是你生活中的“拦路虎”，让你的人生历程步步受阻。

陈琦是一位保险推销员。每个月公司推出新产品时，她都会发给有需要的客户。这一天，陈琦发了一款全家享的保险给一名客户，客户看后十分感兴趣，便在微信里告诉她，他下午三点左右会到公司看看，了解一下保险的详细信息。

通常客户有意购买才会生出详细了解的想法，陈琦为自己即将签单而感到兴奋不已。中午，公司临时开了一个大会。开完会都快三点了。陈琦摸摸饿瘪的肚子，决定先去吃个饭再说。就在这时，跟陈琦约好的那名顾客来到了公司。

当得知陈琦出去吃饭了，客户便坐下来耐心等候。谁知等了半天也不见回来，客户越等越生气。

自己一年上万的保险费还抵不过一顿饭重要？于是，客户从椅子上站了起来，对陈琦说："我是来找你买保险的，不是来找你推销保险的。看来你是没有搞清楚主次关系，这个保险我再考虑考虑吧。"说完，客户就离开了。

陈琦站在了原地，她始终想不明白，就因为自己迟到了一会儿，客户会如此生气。

著名哲学家弗朗西斯·培根曾说："习惯是一种顽强而巨大的力量，它可以主宰人生。"因此，当我们身上表现出一些不好的习惯时，会给顾客留下"不靠谱"的印象。当顾客对我们的品行产生怀疑后，他们还会相信我们提供的服务、相信我们推销的产品吗？

往深里说，习惯还在一定程度上决定着我们的思维，思维决定着我们的行动，行动会直接影响到工作效率，最后决定我们一生的成败。因此，千万不要忽视一个小小的习惯，它会给你带来意想不到的结果。我们要努力克制自身的一些不良习惯，尽最大可能完善自己。

刘同在一家酒店的餐饮部门工作，他从最初的门童接待到后来的传菜员，都是他一步一步靠着自己的努力得来的。当初职位晋升时，刘同有一个十分强劲的竞争对手陈翔。陈翔个子高，样貌帅，还比刘同能说会道。但在最后的试岗环节，陈翔却因为一个小小的习惯性动作被刷了下来，而刘同也因为一个小小的习惯性动作被选上了。

当时，参加职位竞选的几名员工，分别演示为“顾客”上菜的过程。轮到陈翔时，陈翔的每个环节都完成得很好，但在给“顾客”介绍菜品时，因距离菜品较近，“顾客”可以清楚地看到陈翔的口水飞溅到了盘子里。

轮到刘同时，他先将菜品放在餐桌上后，向后退了一步，然后迅速吞咽了一下口中的唾液后再开始为“顾客”介绍菜品。“顾客”故意为难他说：“这菜我怎么看着不太新鲜呀？”

刘同为了确认“顾客”说的是否属实，上前认真查看了一番后，并没有急着回复“顾客”，而是再次重复了以上的动作：后退一步，吞咽唾液，然后才回答“顾客”的提问：“先生，菜品绝对是新鲜的，可能由于烹饪手法的不同，导致菜色出现了一定的差别，如果您觉得菜品不合您的胃口，我这就跟后厨说一下，帮你调换一份。”

事后，“顾客”问刘同：“为什么每次说话前，你都要后退一步呢？”

刘同回答说：“我担心说话时会有飞沫，为了避免给您带来不愉快的用餐体验，所以养成了后退半步再讲话的习惯。”

刘同的答案，赢得了“顾客”的掌声，也让他赢得了这个职位。

我们想要给客户提供最完善的服务，就必须从自身做起，先改掉自己身上的一些不良习惯。每个人都喜欢接触完美的人，当你把自己变得完美时，肯定会有更多的人愿意去接触你。

留意顾客的一言一行

很多服务人员认为，顾客会随时关注自己的一言一行，所以在服务时会特别注意自己的一言一行，生怕在服务中出现什么纰漏。实际上，服务中最大的纰漏就是忽略了顾客的一言一行。

有时候，顾客会将真实的需求告诉我们；有时候，虽然顾客不说，却会将自己的需求体现在一言一行中。这就需要我们练就一双“火眼金睛”，仔细观察顾客的一言一行，从这些小细节中，抓住为顾客提供优质服务的机会。

一天，日本雷克萨斯星丘店来了一位70多岁的女士，接待员八色发现这位顾客在阅读产品宣传图册时，一会儿拿近，一会儿拿远。八色马上意识到顾客可能眼神不太好，继而又想到祖父母曾说：

“说明书上为什么动不动就写成英语？开关为什么要写上‘NO’和‘OFF’？直接写成‘开’和‘关’多好。”

想到这里，八色立刻跑到文具店，买了白色的即时贴，用油性笔写上较大的文字。例如：在“AC”的按钮上贴上“空调”，在“AM/FM”的按钮上贴上“收音机”。除此之外，他还做了十几个标签，用于标注“开窗”“关窗”“设置目的地”等指令。等顾客开始试车时，看到车上的贴标，感动极了。自此之后，她便成了八色的忠实客户。

每个人或多或少会有一些偏好或习惯，并体现在自己的一言一行中。作为服务员，在对客服务中就要善于捕捉并关注这些细节，然后在自己力所能及的范围内尽量按照客人的偏好有针对性地提供相应的服务。

王先生在一家酒店用餐时，发现那里的虾做得十分好吃，用完餐后，便给家人打电话说：“这家酒店的虾做得很棒，下一次带你们来尝尝。”

而王先生的这一番话被一旁的服务员听到了。时隔半年左右，王先生带着家人再次光顾了这家酒店，并真的又点了上一次的虾。可是在上菜后，王先生发现虾的数量比上一次多多了，便问道：“这次的菜量为什么比以前的多多了？”

服务员笑着说：“先生，上次您来的时候说这里的虾好吃，所以今天特地多送了您半份，希望您和您的家人用餐愉快。”

王先生回忆了半天也没想起自己曾跟服务员提过“虾好吃”的话，随即想起或许是服务员听到了他打电话时说的话，内心十分感动。每每外出就餐，想起来这事时，都会在朋友面前盛赞这家酒店。

很多时候，顾客的隐藏需求就藏在他们不经意的一言一行中。我们要善于观察，善于发现，将这些顾客自己都没有注意到的细节抓住，那带给顾客的服务，就一定是令顾客感动的。

我们想要从顾客的一言一行中发现顾客的隐藏需求，就务必要遵守“三个用”原则。

第一，用眼看。

眼睛，可以让我们在顾客进入视线时，在视觉上形成一个大概的印象。这是非常重要的一步。它能帮助我们在客人还未提需求前就能获取到关键信息，并主动提供对应的服务。譬如，通过眼睛看，我们可以掌握以下信息：

· 一共有几位顾客？

· 顾客的身份，是差旅？是亲子？还是情侣、朋友？

· 顾客的情绪如何？

· 顾客的状态如何？

第二，用耳听。

前文就曾说过倾听的重要性，它可以帮助我们进一步了解客人的需求。在这一环节，我们要有意识地听以下两个方面的内容：

· 听含义：我们首先要通过客人的语调、语速及说话时的表情、态度等，去判断顾客所说的话的真正含义是什么。如果是夸赞，要立刻表示感谢；如果是投诉，就要想办法进一步了解顾客不满的爆发点，并尽快想出解决方案及弥补方案。

·听需求：有的顾客会有明确的需求，有的则不会。因此，顾客直接面向我们表达的话语我们要认真听；顾客在“背后”说的话，我们要仔细甄别。

第三，用嘴问。

除了通过眼睛和耳朵的主动观察外，服务人员还可以通过主动询问来获得更多信息。

·在未接触顾客时，可以通过询问得知顾客的一些基本信息；

·在不确定信息时，可以通过询问确定顾客是否需要主动服务，以避免好心办坏事的尴尬出现；

·服务过后，可以通过询问是否满意，是否还有其他需要帮助的地方，以求解决完客人的需求。

许多微不足道的小事，恰恰是最能打动顾客的地方。相反，那些故意吸引顾客眼球，却丝毫不在意顾客的一言一行的服务方式，是永远走不到顾客的内心的。

从一件件小事中，挖掘服务契机

在现代服务中，服务的范围在不断扩大，从最初的微笑服务、文明服务、诚信服务等，到现在的衣着细节、沟通细节、交际细节等，细节服务已经成为新时代服务的高端服务理念。

细心的人会发现，在细节上做得越好越完善，服务的质量就会越高，客户的满意度也会随之提高，从而给我们带来丰厚的回报。服务中，那些经常被我们忽略的小事，往往就是我们服务的契机。

在日本雷克萨斯星丘店里，一对已经购买了雷克萨斯轿车的夫妻坐在大厅里与山口董事谈话。这时，一个接待人员在给两位客人上咖啡时，发现夫人右腿上的丝袜跳线了。对女性而言，丝袜跳线是一件很尴尬的事情，而且跳线的地方会不断扩大。而不巧的是，接待人员在自己的包里放的备用丝袜与夫人穿的丝袜颜色不一致，而她又因为要接待，无法离开岗位。

于是，这个接待人员立即用无线耳麦联系到其他接待人员，让同事尽快去旁边的百货商店买一双同样颜色的长筒丝袜来。丝袜买回来后，接待人员安静地走到顾客身边，尽量做到不引起任何人的注意，一边将丝袜从桌下面递到夫人手中，一边耳语道："这是我的备用丝袜，如果您不嫌弃，请换上吧。"只见夫人先是露出惊讶的神色，但很快便恍然大悟，然后一脸感激地对接待员表示感谢。接着，那位夫人就起身，说道："原谅我先失陪一会儿。"说完，她转身走向了洗手间。

像这样琐碎、繁杂、细小的事情，往往很容易被他人忽略，而这恰恰是我们能够为顾客提供完美服务的契机。服务细节决定服务质量，而服务质量决定着经济效益。所以，要想提高经济效益，最彻底的方法就是完善服务细节。俗话说"细节决定成败"，在一些成功企业家的背后，我们不难发现，他们把一件件小事做好做细了，而且这些细节他们一直在坚持着，并不断地完善着。

王永庆被誉为台湾地区的"经营之神"。他的经营之道，就是不断在细节中挖掘商机。早年的王永庆因家贫读不起书，只好去做买卖。16岁时，王永庆从老家来到嘉义，打算开一家米店。当时嘉义米店的竞争非常激烈，身上只有200元钱的王永庆，只能在一条偏僻的巷子里租了一个很小的铺面。整条街上，他的米店开得最晚，规模最小，没有知名度，也没有任何优势。因此，在米店刚刚开张的那段日子里，他的生意少得可怜。

为了打开销路，王永庆曾背着米挨家挨户地推销，但效果一般般。怎样才能打开销路呢？王永庆意识到自己必须有一些别人没做到或做不到的优势才行。经过一番思考后，一个别人都不曾注意到的小细节被王永庆抓住了。

当时稻谷收割与加工的技术很落后，稻谷收割后都是铺放在马路上晒干，然后脱粒，沙子、小石子之类的杂物很容易掺杂其中。顾客买回米后，需要反复淘洗才能煮熟食用。但长久以来都是如此，买卖双方也都习以为常了。如果买回家的米，只需简单淘洗过后就能上锅煮制，那不是要方便许多吗？只是要一点一点地将夹杂在米里的皮糠、砂石之类的杂物挑出来并不是一件容易的事，需要不辞辛苦、不怕麻烦。但对于当时的王永庆而言，这是唯一能够让他抓住的服务契机。

于是，王永庆带领两个弟弟一起动手，将掺杂在大米里的杂质一点一点地挑了出来。经过“加工”的大米，一下子比市面上的其他大米高出了一个档次，因此备受顾客的好评，米店的生意也日渐红火起来。

在米的质量上做了提升后，王永庆又进一步加强了服务。当时，顾客买米都是自己搬回家，这对年轻力壮的小伙子来说不成问题，但对于一些老弱妇孺而言，就不太方便了。于是，凡是到王永庆店里买米的顾客，王永庆都会免费帮忙送到家。如果顾客家里的米缸里还有米，他就会将旧米倒出来，将米缸擦干净后再将新米倒进去，将旧米放在最上层，这样陈米就不至于因存放过久而变质。这一细节服务，令不少顾客感动不已。

与此同时，王永庆还会在送货上门时细心地记下顾客家米缸的容量，还会问明这家有多少人吃饭，有多少大人、多少小孩，每人饭量如何，然后据此估计该户人家下次买米的大概时间，并把它记在本子上。等到这户人家的米快吃完时，王永庆就会主动将相应数量的米送上门。

就这样，王永庆凭借着精细、务实的服务方法，仅用一年时间，就在最繁华热闹的街道不远处租了一处比原来大好几倍的房子，开办了一家自己的碾米厂，临街的一面用来做铺面，里间用作碾米车间。

在服务中，顾客可能不会记住我们所做的一切，但是一定会记住我们没有做到的，越是细节，越能够引起顾客的关注。因此，服务中的琐碎小事往往会带来意想不到的收获，只有关注细节之处的雕琢，我们才能在市场竞争中脱颖而出。

顾客不同，服务也应不同

一谈到客户服务，许多人都会认为只要面带微笑，礼貌热情就可以了，其实不然。“兵无常势，水无常形”，服务也是如此。面对不同类型的顾客，服务重点自然也是不一样的。

平时服务人员接触的顾客可谓形形色色，有着不同的性格特点，细分的话，可以分成几十种类型。其实，可以将不同性格的客人按照性格特征划分为四种类型：活泼型、完美型、能力型和平稳型，据此为他们提供不同的服务。

第一种类型：活泼型顾客。

活泼型的顾客性格外向、多言、乐观，他们喜欢说话，喜欢跟服务员聊天，同时他们又非常感性，喜欢跟服务员直接建立起友好亲密的关系。遇到这样的顾客，我们一定要有耐心，认真听他们想要表达的一切，并找时机对他们所说的话进行赞扬或肯定。

小刘开了一家户外用品店，平时来消费的都是一些喜欢户外探险的年轻人。这一天，小刘正准备关门下班，走进来一个老大爷。老大爷看上去岁数不小了，身体却很健硕。老大爷进来也不说买什么，就围着店铺慢慢踱着步，边走边看。走了一圈后，老大爷开口问道："小伙子，你架子上放的那架望远镜怎么卖呀？"

小刘顺着老大爷的手指看过去，那是一架德国进口的双筒高倍高清的望远镜，售价可不便宜，一般只有专业人士才需要，普通百姓不会买这么贵的望远镜。于是，他便好心说道："大爷，这款望远镜售价在一千元左右，一般都是专业户外人员在勘察地形时使用。咱们老百姓……"

小刘的话还没说完，老大爷就摆了摆手，示意他先别说了。接着，老大爷接过了话茬，说道："小伙子，你看我像干什么的？"

小刘看了看，摇了摇头。

"我当过10年侦察兵。"老大爷说着，伸出手，比出一个"十"字，然后接着说道，"什么望远镜我没用过呀？我进来就看到了，你这一屋子呀，也就那个望远镜还能拿得出手。"

小刘一听，赶紧称赞道："怪不得您身体这么健朗，原来年轻时候当过兵呀，还是侦察兵，真厉害！我就佩服当兵的人！"

老大爷一听，脸上浮现掩饰不住的骄傲神色，思绪也回到了曾经的光辉岁月中，说道："岁月不饶人呀！我今天从这儿路过，也是好奇，就进来看看。没想到你这儿东西还挺全，往回数10年，你这一屋子的东西，没有我用不了的……”

老大爷这一回忆就说了半个多小时，小刘也一直耐心地倾听着。最后，原本并没有打算买东西的老大爷，买走了那个最贵的望远镜。

第二种类型：完美型顾客。

完美型的顾客，对自己要求很严格，所以对他人要求也很严格。他们属于内向的思考者，性格敏感，总能在细微之处发现一些危机。同时，他们也善于分析，观点理性又客观。针对这样的顾客，我们必须打起十二分精神，并且本着实事求是的态度去对待，否则很容易引起他们的怀疑，并被他们拉入“黑名单”。

徐静刚被调到美妆柜台工作，因此对各类化妆品、护肤品并不是很了解。这一天，柜台前来了一个穿着考究，一脸严肃的女顾客。徐静连忙走上前去询问：“这位女士，您想看看护肤品还是彩妆呢？”

“看看护肤品。”顾客说道。

徐静一听，连忙从展示架上拿起一款面霜，说道：“您看看这款美白面霜，据说含有烟酰胺，美白效果特别好，还能抗皱……”女人都希望自己变白，徐静觉得自己推荐这款准没错。然而，没等徐静说完，顾客就打断了她的介绍，说道：“一般美白的护肤品里都含有烟酰胺，而且美白和抗皱属于两种功效，通常成分不太一样。”

徐静这才发现自己似乎遇到“行家”了，于是赶紧放低了自己的姿态，说道：“不好意思，我今天刚来美妆柜台，很多知识都不太熟悉呢，下午听同事们说这款面霜好，我就想着给您介绍介绍，没想到露怯了。”

女顾客一看徐静态度这么诚恳，便没有深究，而是说道：“一般不太了解化妆品的人，确实对各种成分不太了解，我是学化学的，所以对成分之类的东西比较敏感。”

说完，女顾客拿起了徐静介绍的那款面霜，看了看成分表，说道：“你给我试试吧，我看看质地怎么样。”

最终，徐静顺利地卖出了一款面霜和一套水乳。

第三种类型：能力型顾客。

能力型顾客，通常对他人要求严格，但对自已要求较低，他们喜欢以结果为导向，渴望成就感。因此，在服务这类型顾客时，我们要多满足他们的自我实现，承认他们的权力和威信，服从他们的支配。

小赵是一家酒店的餐饮部经理。一天，他看到一个新来的服务员躲在角落里哭泣，询问之后才知道，顾客指使她上菜、倒酒、换盘子，她按照餐厅规程，一丝不苟地完成了工作，结果还是被顾客指责没有做好，心里觉得十分委屈。

作为“过来人”的小赵，立刻明白了小姑娘是遇到了能力型顾客了。于是，他便传授经验道：“遇到这样的顾客，他说什么，你做什么便是，不要跟他讲理，也不要死守着规章制度。”

小姑娘再进去服务时，谨记着小赵的话，顾客指东她就往东，顾客指西她就往西，果然没有再被顾客为难了。顾客临走时，还夸赞她道：“小姑娘，挺机灵。”

第四种类型：平稳型顾客。

平稳型的顾客性格内向，一般不会主动对他人提出要求。他们容易感到满足，情绪也十分温和稳定，喜欢支持他人。不过，虽然这类型的顾客相对而言比较随和，容易相处，但在服务这类型的顾客时，也要多和顾客沟通，了解他们的真实需求，否则可能在不知不觉中就会失去他们。

陈果是一名理发师，这一天店里来了一个年轻的小姐姐。陈果热情地询问对方想要什么发型，对方有些为难地说："我也不知道，我想留长发，又想剪短，最近锁骨发挺流行的……"

"您要是想留长呢，我就在原有的基础上给您修修型；要是想剪短呢，现在这个长度，做成锁骨发也没有问题。"陈果说道。

顾客想了想，问道："那我这脸型，剪短了会不会不好看呀？"

陈果一听便明白了，其实顾客是想剪短发，但是又怕剪短了不好看。陈果以自己的专业水平进行了一番判断后，觉得顾客剪短了反而会更显利落，于是便建议道："如果您以前没有留过短发，那可以尝试一下，感觉您脖子修长，剪短发也应该会好看。"

听到陈果这样说，顾客决心试一试。结果效果还不错，顾客很满意说道："我之前去别的理发店，理发师总是建议我留长发，我以为自己只有长发好看呢！其实我早就看腻了自己的长发了。这次多亏了你，让我看到了不一样的自己，下次我还找你剪头发。"

这个世界上有那么多人，每个人都有不同的性格，甚至有的人拥有多重性格、矛盾性格，我们要善于在实践中学会察言观色和总结，摸清顾客的性格，找到顾客问题的关键，针对不同性格的顾客，设计相应的服务方式，这样才能在日益激烈的市场竞争中轻松取胜。

Service

Determines Everything

第四章

礼仪，决定了服务的质量

人与人在初次见面的 7 秒内就会形成第一印象，而这第一印象中的 55% 来自外表，38% 来自仪态。也就是说，在服务过程中，我们通过表情、姿态等向宾客传递的信息内容，远超过了用语言所表达的内容。礼仪，作为一种无声的语言、在服务过程中被广泛运用。对于顾客来说，服务员端庄的仪表和整洁的服饰，就是最好的推荐信。

你的谈吐，隐藏着你的态度

服务礼仪不仅仅是指服务人员的形象规范、仪表规范和程序的规范，使用规范的礼貌用语同样十分重要。毕竟，很多顾客的不满和投诉也是因为服务人员的语言不当造成的。

王先生在下班的途中突遇大雨，便赶忙到一家服装店内避雨。进去以后，王先生发现服装店里的衣服还挺好看，便想着买一件作为生日礼物送给妻子。于是，他便认真地挑选了起来。

可能是看到王先生身上的雨点，也可能是觉得一个男人不会逛女装店，一旁的服务员看王先生一会儿看看这件，一会儿摸摸那件，心中有些不快，便走到王先生身边，说道："这位先生，咱们这儿的衣服不买是不让碰的。因为这些衣服的用料都非常讲究，一旦弄脏了，弄皱了，我们就不好卖了，而且这一套衣服还挺贵的，请您谅解。”

虽然服务员的话语说得有点委婉，但王先生还是听出了服务员的言外之意，不就是说“这衣服很贵，不买别乱摸，摸脏了，摸坏了，你赔不起”嘛！如果服务员只是提醒“衣服不得触碰”，那王先生也不至于生气，但服务员偏偏这么说，让王先生有一种“被人瞧不起”的感觉。

王先生强咽下心中的不满，说道：“你怎么知道我不买呢？我看，不就是为了买吗？我不看我怎么买呀？”

服务员却觉得是王先生在狡辩，便回应道：“您知道这一件衣服多少钱吗？这是真丝的，一件上衣就好几百元。”

王先生本想给妻子买一件的，听服务员这么一说，一点买的兴致都没有了，于是便扭头走了。

语言是社会交际的工具，是人们表达意愿、思想感情的媒介和符号。语言也是一个人道德情操、文化素养的反映。在服务中，如果我们能做到言之有礼，谈吐文雅，就会给顾客留下良好的印象；相反，如果满嘴脏话，甚至恶语伤人，就会令顾客反感厌恶。因此，不管私下里我们是怎样一个人，性格是否直率，说话是否经过大脑，但在为顾客提供服务时，要清楚什么话该说，什么话不该说，并且极力让自己的谈吐文雅一些，这样才能赢得顾客的好感和认同。

卡尔·泽特勒是酒店的服务员，他70多岁的时候还活跃在工作岗位上。他每天穿着一身正装，腰杆笔直地站在餐厅中间，迎来送往。

遇到说英语的顾客，他便用英语与顾客交谈；遇到说法语的顾客，他便用法语跟顾客交谈；遇到说德语的顾客，他也能用德语与顾客交谈。顾客们甚至为能够跟他说上几句话而感到荣幸。

想要做到卡尔·泽特勒这样，自然不是一件容易的事情，这是日复一日、年复一年修炼出来的结果。我们虽然不必做到像卡尔·泽特勒这样掌握多门语言，但也要做到态度诚恳、亲切，规范使用礼貌用语。那么，我们具体应该怎么做，才能让自己的谈吐更加受顾客喜欢呢？

首先，要学会用礼貌用语。如“您”“先生”“小姐”等，用“贵姓”代替“你姓什么”；欢迎顾客时，要说“欢迎光临，您好”；感谢顾客时，要说“谢谢您”；不能立即接待顾客时，要说“不好意思，请您等一下”；对等待的顾客，要说“对不起，让您久等了”；对顾客表示歉意时，要说“对不起，给您添麻烦了”；当顾客提出批评意见时，要说“谢谢您对我的帮助，您的意见很重要，我一定会重视并改正”……

其次，要注意一些语言的禁忌。忌讳的语言是指他人不愿听的语言，例如：“死了”这个词在中国就属于人们比较忌讳的，因此在谈论到这样的话题时，可以用“病故”“走了”等委婉的语言来表达。还有一些语言禁忌要根据顾客的实际情况来。比如：有的顾客比较胖，那么在言语中，就要避免出现“肥胖”这样的字眼，非说不可时，你可以改成“丰满”或“福相”；“瘦”则用“苗条”或“清秀”代之。

最后，无论什么时候、什么情况，跟顾客说话都要注意声音要大小适当，语调应平和沉稳。无论是普通话或方言等，咬字都要清晰，音量要适度，以对方听清楚为准，切忌大声说话；语调要平稳，尽量不用或少用语气词，使听者感到亲切自然。

规范的用语是服务工作的基本工具，服务人员的言行举止反映了个人的素养，同时也代表着一个企业的形象。因此，我们时时都应注意正确地使用礼貌规范的用语，在提升企业形象的同时，也让自己给顾客留下好印象。

优美的站姿，令你更专业

站姿，是服务员在工作过程中最常用到的姿势。良好的站姿可以体现出服务员良好的素质及形象。相反，不良的站姿则会令顾客对服务员产生怀疑，同时对服务水平也产生怀疑。因此，我们有必要修炼一下站姿，令自己看起来更加专业，更加有精气神。

徐莹莹（化名）大学毕业后，凭借着姣好的容貌，进入了一家酒店当服务员。由于上学时的专业并非酒店管理，所以工作后，徐莹莹几乎是从零开始学起，大到接待客人，小到一言一行，经理总是不厌其烦地提醒她，督促她。时间久了，徐莹莹便觉得经理有些啰嗦。

这一天，酒店来了一个大客户，他们准备在酒店办一个晚宴。因为邀请了重量级的嘉宾，所以客户对晚宴极其重视。先是来了一拨人制定流程，挑选服务人员。徐莹莹有幸被选中了，还进行了一系列的培训。没过几天，又来了一拨人进行考察，以确保晚宴的顺利进行。没想到正巧赶上徐莹莹的生理期，身体不太舒服的她，尽量往角落里站，趁着无人注意时候，悄悄靠在柱子上休息。

没想到，走完一遍流程后，徐莹莹被主管叫到了办公室。一进门，徐莹莹就被主管劈头盖脸地骂了一顿。原来，徐莹莹悄悄靠着柱子上站立的样子，正好被客户的负责人员看到了，他们觉得徐莹莹的仪态影响了宴会的整体效果，所以要求换掉徐莹莹。

徐莹莹努力为自己辩解了一番，主管虽然理解她，却改变不了客户的态度，只能换掉了她。月底，徐莹莹看着参与宴会的同事们都拿到了丰厚的奖金，心里懊悔不已。

那么，作为服务人员，我们应该如何训练自己的站姿呢？

先从基本站姿说起。一般而言，服务员在服务中的标准站姿，是上身挺直，头部摆正，目光平视，将下颌微微收回，面带微笑，同时挺胸收腹。三种肌肉力量相互制约：髋部向上提，脚趾抓地；腹肌、臀肌收缩上提，前后形成夹力，保证腰部力量，避免出现挺腹或撅臀的现象；头顶上悬，肩向下沉，整个身体有一种挺拔向上的感觉。

男性和女性由于性别不同，在基本站姿上也会略有不同，其不同主要表现在手位与脚位上。

男性要注意表现出刚健、潇洒、英武、强壮的风采，力求展出一种壮美。具体来说，男性可以将双手相握，或叠放于腹前，或放于身后。双脚可以分开，距离与肩同宽。

女性则要展现出轻盈、娴静、柔美、典雅的特点，营造出一种“静”的美感。具体来说，可以在站立时，将双手相握并叠放于腹前。身体的重点可以集中在一条腿上，双脚稍许叉开。

在工作中，我们不可能只保持一种站姿，为了维持较长时间的站立或稍事休息，在标准站姿的基础上，站姿还可以产生一些变化，根据站姿变化的不同，可以大致分为以下四种。

第一，为顾客服务时的站姿。为顾客服务时的站姿，需要服务人员头部微微侧向服务对象，并且面带微笑，手臂可以持物，也可以自然下垂。手臂垂放时，肩部至中指间应呈现出一条自然的垂线。收紧小腹和臀部，右脚后撤、使左脚内侧脚跟靠于右脚足弓处。两腿两膝并严、挺直，膝部前后略微重叠，总体给人一种优雅大气的感觉。

第二，接待顾客时的站姿。接待顾客时，服务人员就不必时刻保持高度紧张的状态了，此时双脚可适当放松，将身体的重心放在一条腿上，另一条腿向外侧稍稍伸出，使双脚呈叉开的状态。双膝尽量伸直，不要呈现出弯曲的状态。肩膀和手臂自然放松，但不要弯腰驼背，要保持挺胸抬头、脊背挺直的状态。

第三，等候顾客的站姿。不要认为顾客不在我们身边，我们就可以随意站立。实际上，越是顾客看不到的地方，越是体现服务质量的时刻。

那么，在等待顾客的时候，我们应该怎样站立呢？

双脚适度叉开，并且可以相互交替放松。必要时，在一只脚完全着地的时候，可以稍稍抬起另一只脚的脚跟，用脚尖着地，到达放松的目的。双腿之间的距离可以稍微分开一些，也可以自由地进行十字交叉，双膝可以少许分开，但不要离得太远。肩膀、手臂自然放松，手部不要随意摆动。目视前方，上身保证挺直，头部避免晃动，下巴微收。

采用这种站姿时，双腿不要反复地换来换去，两手也不要插入口袋或倚靠在其他物件上，不可以双手叉腰或抱在胸前，否则就会给顾客留下浮躁不安、不耐烦或是不够亲切的不良印象。

昂首挺胸，走出气质与魅力

行走的姿态是人体所呈现出的一种动态，是站姿的延续，是人类动态美与精神面貌的体现之一。矫健优美的行姿，能够体现出我们的风度、气质与活力，增添我们的人格魅力，给顾客留下良好的印象。

古时，我国就有“行如风”之说，甚至还从姿势和速度上对行走进行分类：足进为“行”，徐行为“步”，疾行为“趋”，疾趋为“走”。不同场合采用不同走相，才符合礼貌的要求。所谓“室中之时，堂上之行，堂下之步，门外之趋，中庭之走，大路之奔”。可见，走路并不如我们想象的那般简单，快、慢、急、缓都有一定的讲究，而非随心所欲。

同时，人的走姿可以传递出很多种情绪，比如愉快、沮丧、热情，或是懒散、懈怠等。

心理学家史诺嘉丝发现：步伐较大且有弹力、双手用力摆动的人，通常比较自信、乐观、有目标；走路时拖沓着步伐且快慢不定的人，则比较犹豫、悲观、没有主见；喜欢支配别人的人，走路时喜欢脚向后高踢。

因此，我们想要拥有良好的形象，就要注意自己的走姿。对于服务人员来说，步履自然、匀速、稳健，步态轻松、优美是最基本的要求。想要达到这个要求，就要掌握走姿的基本要领：

一是上身保持基本站姿，头正、颈直，下颌微收，目光平视前方，面带微笑；

二是挺胸、收腹、提臀，上体稍向前3～5度、身体重心落在前脚掌、膝盖挺直；

三是双肩齐平下沉，双臂放松下垂，手指自然弯曲，两臂以身体为中心、前后自然摆动。前摆约35度后摆约15度。手掌心向内，指关节自然弯曲；

四是屈大腿带动小腿走，脚跟先着地，身体重心落在前脚掌上。同时要注意步位直、步幅适度、步速平稳，前脚跟与后脚尖之间的距离通常是一只或一只半脚长。

同时，要在注意走姿中，不要出现以下情况：

一是将步伐脚走成内八字或外八字；

二是驼背弯腰、左右摇晃肩膀；

三是步子太大或太碎或者奔来跑去；

四是胳膊甩动的幅度太大，扭腰摆臂，左顾右盼；

五是双腿过于弯曲，走路不成直线；

六是脚蹭地面，走路拖拖拉拉；

七是双手插裤兜或抱着双臂行走；

八是横冲直撞，频繁在人群中穿行；

九是阻挡道路，多人一起行走时排成横队；

十是悍然抢行，火急火燎，超过前面的行人；

十一是走路时声音过大，制造噪声。

总之，行走的姿势也是服务员最基本的行为动作，它的姿势也是行为礼仪中不可缺少的内容。对于有些服务人员来说，行走的时间比站立的时候要多，而且行走一般又是在公共场所进行的，所以，要重视行走姿势，才能更好地表现出我们的气质与风度。

蹲、坐不动，也有讲究

在各种人体体态中，蹲姿与站姿、坐姿及走姿既有联系又有区别。蹲姿和坐姿都由站立和行进的姿势变化而来，都处于相对静止状态。但站姿体位最高，走姿、坐姿其次，蹲姿体位最低。在服务中，坐姿和蹲姿虽然没有站姿和走姿的使用率高，但也会出现。因此，我们也要注意自己的这两种体态。

小李和一位顾客一起坐在桌边看产品说明书。聊着聊着，小李感觉顾客的购买意向很大，心里不免有些雀跃，行为上也开始放松起来，不知不觉就犯了老毛病——抖腿。

没想到，这位顾客是一个特别讨厌别人抖腿的人，认为这是十分不礼貌的行为，于是没等小李介绍完产品，就找了个借口离开。直到顾客离开，小李也不知道自己究竟哪里做错了。

相比较站姿和走姿，坐是我们在生活中经常使用的姿势之一。也正因如此，我们在处于坐姿时，很容易进入放松的状态。在一些场合中，我们经常会看到：有的女士两腿和两膝离得较远，很不雅观；有的男士抖动双腿，一刻不停；有的人高高地跷起“二郎腿”；有的人手插在衣袋里，或叉腰、托腮，或托于脑后；也有的人扭来扭去，坐不稳当，很不耐烦；甚至有的人贪图舒服，半坐半躺。

虽然我们不能单纯地以“坐姿不雅”去判断一个人的素质或是教养，但是对于服务来说，顾客往往就是通过我们的一些行为举止来对我们这个人进行判定的。当我们“坐没坐相”，让顾客心生了厌倦之情时，他们是不会给我们机会辩解和改正的，这让学习坐姿礼仪就显得很有必要了。

第一，坐姿的礼仪。

一般而言，标准的坐姿都有以下几点要求。

一是入座时要轻、稳、缓，动作要协调、文雅。走到座位前，转身后轻稳地坐下。女子入座时，若是裙装，应用手将裙子稍稍拢一下，不要坐下后再拉拽衣裙。正式场合一般从椅子的左边入座，离座时也要从椅子左边离开，这是一种礼貌。女士入座时要娴雅、文静、柔美。如果椅子位置不合适，需要挪动椅子的位置，应当先把椅子移至欲就座处，然后入座。而坐在椅子上移动位置，是有违社交礼仪的。

二是坐在椅子上时，神态要从容自如，嘴唇微闭，下颌微收，面容平和自然。同时身体要立腰、挺胸，上身略微前倾，朝向服务的对象。

三是双肩平正放松，两臂自然弯曲放在腿上，亦可放在椅子或是沙发扶手上，以自然得体为宜，掌心向下。如果坐的是椅子，应至少坐满椅子的2/3，宽座沙发则至少坐1/2。落座后至少10分钟左右时间不要靠椅背。时间久了，可轻靠椅背。

四是双膝自然并拢，双腿正放或侧放，双脚并拢或交叠或成小“V”字形。男士两膝间可分开一拳左右的距离，脚态可取小八字步或稍分开以显自然洒脱之美，但不可尽情打开腿脚，那样会显得粗俗和傲慢。

五是离座时要自然稳当，右脚向后收半步，而后站起。

端庄优美的坐姿会给顾客文雅、稳重的美感。同样，姿势优美的蹲姿，也能给顾客留下自然大方的感受。相反，如果蹲无“蹲相”，随时弯腰，臀部后撅，上身前倾，袒胸露背，显得既不雅观，又不礼貌。因此，我们应对蹲姿礼仪有一定的了解。

第二，蹲姿的礼仪。

我们先来了解一下优雅蹲姿的基本要领。

一是站在所取物品的旁边，蹲下屈膝去拿，而不要低头，也不要弓背，要慢慢地把腰部低下；两腿合力支撑身体，掌握好身体的重心，臀部向下。

二是一脚在前，一脚在后，两腿向下蹲，前脚全着地，小腿基本垂直于地面，后脚跟提起，脚掌着地，臀部向下。男士两腿间可留有适当的间隙，女士则要两腿并紧，穿旗袍或短裙时须更加留意，以免出现尴尬。

三是若用右手捡东西，可以先走到东西的左边，右脚向后退半步后再蹲下来。脊背保持挺直，臀部一定要蹲下来，避免弯腰翘臀的姿势。特别是穿裙子时，如不注意，背后的上衣自然上提，露出臀部的肉和内衣会很不雅观。

在公共场所的蹲姿还应注意，不要在行进中突然止步蹲下，不要与他人距离太近，以免影响他人，给人造成麻烦。

那姿态优雅的蹲姿是什么样的呢？

姿势一：交叉式蹲姿。下蹲时，右脚在前，左脚在后，右小腿垂直于地面，全脚着地。左腿在后与右腿交叉重叠，左膝由后面伸向右侧，左脚跟抬起，脚掌着地。两腿前后紧靠，合力支撑身体。臀部向下，上身稍前倾。

姿势二：高低式蹲姿。下蹲时，右脚在前，前脚着地，左脚稍后脚掌着地、后跟提起，左膝低于右膝，臀部下沉，身体重心由右腿支撑。男士选用这种蹲姿时，两腿之间可有适当距离。

姿势三：半跪式蹲姿。半跪式蹲姿又叫单跪式蹲姿。它是一种非正式蹲姿，多用于下蹲时间较长或为了用力方便之时。它的特征是双腿一蹲一跪，其要求是：下蹲之后，改为一腿单膝着地，其脚尖着地；另外一条腿则应当全脚着地，小腿垂直于地面；双膝应同时向外，双腿应尽力靠拢。

姿势四：半蹲式蹲姿。半蹲式蹲姿多于行进之中临时采用。基本特征是身体半立半蹲，其要求是：在下蹲时，上身稍许弯下，但不宜与下肢构成直角或锐角；臀部向下而不是撅起；双膝略为弯曲，其角度根据需要可大可小，但一般均应为钝角；身体的重心应放在一条腿上。

无论是坐姿，还是蹲姿，常因处于静态或是动作时间短而被我们忽视。而越是这些细节的问题，越容易成为顾客挑剔的方面。因此，无论是坐立行走，还是短暂地蹲一下，我们都要力求姿态自然优雅，这样才能全方位地给顾客留下专业有素养的好印象。

名片虽小，却藏着大礼仪

递名片，是服务中经常会遇到的行为。当我们和顾客交谈时，顾客可能会给我们递名片；我们想要跟顾客建立关系时，也可能会给顾客递名片。名片可以起到“自我介绍”的功能，既方便，又体面。因此，关于递名片的礼仪，我们一定要知晓。

运通公司的崔总经理在交易会上听说诚鑫集团的高董事长也来了，想利用这个机会认识这位素未谋面又久仰大名的商界名人。中午用餐的时候，他们终于见面了，崔总彬彬有礼地走上前去，客气地说道：“高董事长，您好，我是运通公司的总经理，我叫崔鑫，这是我的名片。”说着，他便从随身携带的公文包里拿出名片，递给了对方。

此时的高董事长还沉浸在之前与人谈话的内容中，他顺手接过崔鑫的名片，只是淡淡地说了句“你好”，随手就把名片放进了口袋里。崔总在一旁等了一会儿，并未见这位高董事长有交换名片的意思，便失望地走开了。

随手接过他人的名片，且不交换自己名片的行为，是十分不尊重对方的体现。因此，在工作中，如果我们有名片，那就要随身携带，并且在名片的递交、接受、索取等几个方面体现出自己的礼仪。

第一，递交名片时需要注意的几个方面。

一是我们要将自己的名片递给他人时，首先应当选择适宜的时机。唯有在必要时递上名片，才会令其发挥功效。那什么时候是递交名片的好时机呢？就是顾客对我们产生了解的欲望时。同时，不要滥发名片，尤其尽量不要在大庭广众之下同时向多位陌生人递上名片，这样会显得我们的名片很“廉价”。

二是双方交换名片时，应该是位低者向位高者递上名片，再由后者回复前者。不过这只是常规的做法，不必太拘泥于此。需要向多人递上名片时，切勿跳跃式进行或者遗漏其中的某些人。正确的做法，是由尊而卑或者由近而远地依次进行。

三是递上名片时，要先向接受名片者打个招呼，令对方有所准备。既可以先做一下自我介绍，也可以说：“请多多指教”“希望今后保持联系”“可否交换一下名片”等客气的话语。

四是递名片的动作，应表现得郑重其事。不仅应当起身站立，主动走向对方，面含笑意，而且还应当以双手或右手持握名片，并且将名片正面面对对方。不要以左手递上名片，也不要在递上名片时将其反面对着对方。

第二，接受他人的名片时需要注意的几个方面。

一是不论自己有多忙，均应暂停手中所做的一切事情，并且起身站立，面带微笑地迎向对方。尽量用双手接过名片，在接过他人的名片后，应用半分钟左右的时间，将其从头至尾默读一遍。若有疑问之处，还可当场向对方请教。

二是在收到他人的名片后，不能随意把玩或者将其乱丢乱放，应在认真看过之后，将名片放入自己的名片夹、公文包、办公桌或上衣口袋里。

三是在接受他人的名片之后，均应立即回给对方一张自己的名片。如果遇到没有名片或是名片用完了的情况，应以合适的方式向对方加以解释。

第三，索要名片时需要注意的几个方面。

一是以自己的名片为媒介，与交往对象互换名片。可以先递上自己的名片，等候对方回复自己；也可以在递上自己的名片之时言明此意："能否有幸与您交换一下名片？"

二是用暗示的方法向对方索要名片。通常，向长辈暗示自己索取名片之意时，可以说："请问以后如何向您请教？"向平辈或晚辈表达此意时，则可以询问对方："请问今后怎样与你联络？"

双方交换名片，意味着彼此之间架起了一座交往的桥梁。学会使用名片，它将是我们进入客户心扉的通行证。

得体的接待，让顾客宾至如归

对于服务员来说，接待上门的客户，礼仪很重要。客户主动光顾，是一种信任的表示。让这种信任持续下去的好办法就要靠服务。得体的接待，可以让客户有宾至如归的感觉，而此时也是交易最容易成功的时候。

高胜寒毕业后到一家连锁餐厅工作，这家连锁餐厅的每一个服务员都要经过一场特殊的培训，就是到某饭店去实习一天。

到底是什么样的饭店这样特别呢？高胜寒抱着一颗好奇心开始了为期一天的培训。吃饭时间到了，客人陆续多了起来。他看到门口的服务员在客人自己推门之前就已经为客人开了门，并主动引领客人走到空桌前。随后，另外一位服务员手拿菜单走了过去，说："先生们好，欢迎前来就餐，请看菜单。”说完，她递给每人一份菜单，然后退后两步开始等候。服务员并没有像别的餐厅的服务员那样，催促着客人点菜。而她后退的那两步也是刚好合适的距离，一来可以给客人相互商量的空间，而且客人在报菜名时，她也可以清楚地听到。那几个客人点完菜，茶水也已经送上了桌子，服务员非常礼貌地说：“请稍等，菜很快上来。”

大约十分钟，菜就上齐了。服务员上完菜后，退后两步说了句“请慢用”。在客人吃饭的时候，服务员仍站在旁边等候。直到客人吃完饭离开，服务员礼貌地拉开门，送客人出门。这家饭店的服务员跟其他饭店的一对比，我们就会发现，虽然这家饭店的服务员话不多，但服务得非常周到，几乎不用顾客开口说话，服务员的每一步都“走”在了顾客前面，却没有给顾客带来任何烦恼。高胜寒似乎理解了要到这家饭店实习的原因了。

服务不是为了完成上司交派的任务，也不是为了完成培训课程，而是让客户感到更舒适、更方便。从总体上讲，接待顾客是一门精深的艺术。服务人员在接待顾客时，既要注意服务态度，也要讲究接待方法。只有这样做，才能够使主动、热情、耐心、诚恳、周到的服务宗旨得以全面贯彻。

严格来说，接待顾客是一个由一系列重要环节所组成的环环相扣的过程。在不同的服务部门中，接待顾客的具体环节往往各异，但有一点绝对不会变，那就是接待礼仪的首要条件是得体。

那么，具体应该怎样做呢？

第一，服务仪态要自然。面对顾客时，要保持良好的情绪和最佳的精神状态，面带微笑，一视同仁。

第二，在接待顾客的过程中，要尽量使用敬语，语言要文明、优雅，切忌粗俗的口头语。说话要有节奏感，说话的音量要适中，以顾客能听清楚且不打扰旁人为宜。

第三，引领顾客时，要走在顾客右前方。拐弯时要放慢脚步，同时说“请这边走”。碰到门槛或阶梯时要提醒顾客说“请留意脚下”。

第四，当顾客的视线与我们对视时，要主动示意打招呼，使顾客产生好感。交谈时，不能东张西望，应保持与顾客平视，以示尊重。高个子服务员接待矮个子顾客时，要注意保持一定的距离，避免给人留下居高临下的印象。

第五，对于熟客，要能称其姓氏，让顾客有亲切之感。称男士为先生，称女士为小姐、夫人或太太。

第六，顾客入座后，不要忘了端上一杯茶水，并微笑示意顾客“请喝茶”“请慢用”。

第七，顾客准备离开时，服务员要等顾客先站起身后再站起来。引领顾客出门时，服务员要走在前面，把顾客带到电梯处或楼梯处，并按下按钮。等顾客走进电梯，电梯关闭后，服务员再离开。

要尽善尽美地做好接待顾客的工作，在这七个基本环节上，服务人员必须一丝不苟地遵守相应的岗位规范。总之，得体的礼仪可以让客户感到舒服、满意，哪怕客户是带着满腔怒火来的，得体有礼的服务也能暂时平息他的怒火。

你的形象，是公司的缩影

服务环境的“硬件”设施当然重要，但是服务人员的形象与精神面貌的“软件”同样不容忽视。俗话说：“人靠衣装，马靠鞍。”我们与顾客接触时的外在形象往往决定着顾客对我们的印象，还会影响公司的形象。

服务人员的着装，可以说是企业或品牌的外在形象。如果一家公司的服务人员连衣服都穿不整齐，或是一个个东倒西歪、无精打采，你能相信他们会有好的服务水平吗？

张玉是一名“00后”的小姑娘，性格张扬独特，喜欢追赶潮流。大学毕业后的她，到一家房产公司应聘销售一职。因为外形姣好，口齿伶俐，张玉从一众竞争者中脱颖而出。被正式录用后，面试官对她说："以后你要注意着装，因为员工的个人形象也代表着公司的形象。"

张玉点点头，心想：作为搭配达人，着装不过是小菜一碟。在张玉眼中，所谓注意着装，就是要将自己穿得美丽动人。于是，上班第一天，张玉就穿了一件裙摆夸张的半身裙，上半身搭配了一件紧身T恤，她还心血来潮地给自己画了一个"赫本妆"，眼下还点了一颗泪痣。一进公司，张玉这身装扮就引来了大家的侧目，还有人开玩笑问道："小张，这是要去走红毯吗？"

张玉将这句玩笑话当成了对她装扮的褒奖，完全体会不到有什么不妥。没一会儿就有顾客前来咨询，张玉连忙热情地上前招呼。顾客看到张玉，先是一愣，问道："你是这儿的销售吗？"在得到张玉肯定的答复后，顾客更加疑惑了。而张玉却丝毫没有察觉到，殷勤地给顾客端茶倒水。当她转身给顾客拿新楼盘的宣传页时，裙摆扫到了桌子上，刚刚放在桌子上的那杯冒着热气的茶水一下子被扫倒了，洒了顾客一身。

张玉见状赶忙道歉，顾客虽然没有为难她，但言语中还是表达了自己的不满，说道："姑娘，我看你不是来上班的，而是来捣乱的。"随即又对经理说道，"王经理，我看你们这个销售不怎么专业呀！"此时的张玉恨不得找个地缝钻进去。事后，张玉被主管狠狠地批评了一顿，如果学不会穿衣服，就让她不要来上班了。

美丽、端庄、大方是对服务人员外在形象的要求，这里的美丽不单纯是指外表上的美丽，而是指整体给人以"美"的感受，不仅仅是外在，还有内涵。端庄、大方指的是行为举止和待人接物的态度，要得体、妥当。

同时，着装要合时宜，要懂得在什么场合穿什么衣服，化什么妆。休息的时候，我们可以着装休闲，也可以个性张扬，可以不施粉黛，也可以浓妆艳抹；但在工作的时候，就需要注意自己的身份和所处的场合了。

对于女士而言，妆容应以淡雅、清新、自然为原则。不要穿得过于鲜艳、暴露、杂乱、透视、短小，以及过于紧身的衣服。男士则应该每日剃须、修面，并保持头发的干净、清爽。穿衣谨记三色原则，即身上的颜色必须在三种之内；鞋子、腰带、公文包必须统一；在正式的场合中，鞋袜颜色要统一，避免穿白袜子和尼龙袜子。

无论是男女，身上和口腔中都应保持清爽的味道。因此，需要勤洗澡、勤换衣、勤刷牙。同时，还需符合自己的年龄、身份、职业、环境及流行的要求，同时也要根据不同的目的、不同的服务对象，及时更换妆容和穿衣的风格，做到得体且应景。

最后，要懂得扬长避短，由于每个人的身材比例不同，对穿衣风格的要求也不同，选择适合自己身材的服装，可以很大程度上帮助我们掩盖缺点。例如：腿型不好看的人，可以选择穿长裤来掩盖不足；相反，腿又细又长的人，可以穿着半裙来体现自己的优势。

注重自己的形象，不单单是对自己的重视，也是重视顾客的体现。因为我们穿着的不仅仅是衣服，还是我们的价值；我们梳着的不仅仅是发型，还关乎我们的品位。

Service

Determines Everything

第五章

设计与创新，决定了服务的高度

社会是发展的，服务也不例外。再好的服务，也不可能一直顺应时代的发展，因此，服务不但要走向标准化，还要走向人性化、个人性，令服务更加多元化。只要顾客需要，随时随地都能做出改变，这样的服务才是适应时代变化的服务，才是能够长久存在的服务。

以“适度”代替“殷勤”

曾经几何，一些管理者过于注重客户的满意度，没有全面客观地分析顾客的需求，同时，由于竞争压力过大，过于重视顾客的好评度，导致服务渐渐走向了一个极端——过度殷勤。服务人员认为这是提供良好的服务，而顾客也认为自己享受到了良好的服务。

然而，随着时代的变化，人们对于服务的认知更加深刻了，对于服务的要求也更加精细化了，那些用表面形式来掩盖本质上的缺失的服务，早已不被顾客所接受了。

试想一下，如果你走进一家店铺，一进门就围上来一群服务员，对着你大喊“欢迎光临”，然后不由分说地将你引至店内，对你嘘寒问暖，端茶倒水，你会有什么样的感受？大部分人的第一反应便是“逃跑”。

为什么呢？因为在我们的传统观念里，太过殷勤必然有所图。在不确定这种图谋究竟是什么时，及时逃离便是最好的选择。对于大部分顾客而言，他们喜欢的是宾至如归的感觉，而不是站在舞台中间，被聚光灯照着，被人们过分注视着的感觉。

张先生是一家外贸公司的业务经理。一天中午，他要接待一位国外客户，并选了一家公司附近的酒店餐厅就餐。

为了方便商业洽谈，二人一进酒店的餐厅，就找了一个比较僻静的座位坐下。刚一落座，一位女服务员便热情地为他们服务起来。只见这位女服务员先铺好餐巾，摆上碗碟、酒杯，然后给他们斟满茶水，递上热毛巾。整套动作行云流水，足见平时训练有素。就在张先生认为做完这一套流程后，服务员就会将空间留给他们，结果上了第一道菜后，服务员先是为他们报了菜名，又亲自为他们夹菜。之后，每上一道菜，服务员就为他们介绍一遍，并不停地为他们添汤加菜，斟酒倒茶……

尽管张先生数次表示这里不需要什么服务了，服务员可以去忙自己的事情，但服务员似乎并未听出张先生的言外之意，依旧在餐桌旁忙前忙后。

最后，为了尽快从这种“热情似火”的服务中解脱出来，张先生和国际客户不约而同地加快了进食的速度，原本想要在饭桌上谈论的话题，也因此放弃了。自那以后，张先生便再也不愿意去这家酒店用餐了。

我们常说：“要提供超出顾客预期的服务。”然而，超出预期的服务，是顾客需要的服务。不是顾客需要的，那便是过度服务。顾客在喝茶聊天，服务员频繁过去加水；顾客想要休息，行李服务员却坚持向顾客介绍客房设施；甚至过分关注顾客的隐私或秘密……以上种种，都属于过于殷勤的服务，不但无法超出顾客的预期，甚至会让顾客感到厌烦。

或许有人会说：“我们的服务流程就是这样的，这是规定。”但是规定是死的，顾客的需求却是活的。有时候，顾客会因为其自尊、情绪、个人癖好、意外情况等原因提出服务规范以外的各种要求。如若服务人员满足不了这些要求，顾客便会不满意；如果服务人员提供了过多的顾客不需要的服务，也会令顾客不满意。

因此，当我们未能充分了解客人的需求，只是机械式提供自认为会让顾客满意的服务时，势必会出现服务与顾客需求不符的情况。其实，就客人的需求而言，“无需求”本身也是一种需求。从社会心理学的角度来看，对这种“无需求”的需求提供的服务，是为了满足客人个人空间的需求。因此，充分了解客人的这种“无需求”，有针对性地提供无干扰服务，对于提高服务人员的服务质量具有十分重要的意义。

那么，如何才能把握客人的这种需求，用“适度”的服务来代替“殷勤”的服务呢？

首先，要留心观察顾客当时的表情。

当顾客对服务感到厌烦或是不适应时，一定是我们提供的服务让顾客感到了拘谨或压抑，这时我们就要及时调整服务策略。

其次，要留心顾客交谈时的言语或自言自语。

开车时要求司机做到“眼观六路，耳听八方”，这个要求对于服务员同样适用。顾客交谈时的言语或是自言自语，能够反映出顾客的需求趋向。因此，我们要及时从顾客的言语中捕捉到这些信息，不要进一步引起客人的厌烦情绪。

最后，要留心顾客的喜好。

通常而言，顾客的选择很大程度上表明了他们的喜好，比如：有的顾客喜欢选择安静的角落落座，这样的顾客大概率上不喜欢被人打扰，因此为这类顾客服务时，就要谨防过度服务，以免造成适得其反的效果。

打造一套标准化的服务流程

俗话说："没有规矩，不成方圆。"规者，正圆之器；矩者，正方之器。无规不成圆，无矩不成方。

这句放在国家社稷中，是治国安邦的根本；放在为人处世中，是安身立命的基础；放在服务中，是规范服务质量和服务流程，提升服务品质的有效途径。因此，不论是从服务人员的角度来说，还是从顾客的角度来说，打造一套令人舒服的服务流程，是一件有百利而无一害的事情。

比如，每一家海底捞门店，从顾客进店开始到点餐、用餐、离店，整个服务流程与内容，基本上都是统一的。通过统一的服务，海底捞的门店遍布全国各地，但服务的水准却未下降分毫。在这方面，麦当劳也一直是服务领域学习的标杆。

李志有一个梦想，就是想开一间咖啡馆。因此，大学主修企业管理专业的他，一毕业进入一家连锁的咖啡馆，成为一名咖啡师学徒。在这家连锁咖啡馆工作了五年后，李志决定着手去实现自己的梦想。

经过一轮市场调查后，李志发现大部分消费者对咖啡馆服务的要求要高于对咖啡味道的要求。基于此，李志打算做一家服务至上的咖啡馆。

要想服务做得好，服务就得有一定的标准。根据自己多年的工作经验，李志给自己的咖啡馆设计了一套服务流程。

第一步：与顾客打招呼，面带微笑欢迎顾客

当有顾客进门时，李志要求服务人员必须精神抖擞，面带微笑地在正确的时机以正确的用语问候顾客。别小看这一句热情、真诚的问候，它能让顾客立即对咖啡馆产生好感。

第二步：询问或建议点餐

现在大部分顾客习惯于用App或是小程序点餐，所以李志的咖啡馆也做了相应的点餐小程序。但是为了避免在点餐环节出现服务漏洞，他还将点餐环节的服务也制定了标准。当顾客准备点餐时，服务员须保持一套标准的礼貌用语，诸如“您要点什么？”“请问您需要些什么？”等。若顾客询问新推出的产品或促销活动，服务人员必须以适当的速度、亲切的语气，简单而清晰地为顾客解说，以增加顾客购买的兴趣。

点餐完毕后，服务人员必须重复一遍顾客所点的饮品与数量，以确保其正确性，若发现错误会立即做出更正。当顾客全部点餐完毕，服务人员必须清晰地告诉顾客：“您所点的饮品总共××元”，以便顾客及时付款。

第三步：准备及交付顾客所点的饮品

在为顾客准备饮品时，服务人员应要对顾客说“请稍等”。饮品准备好后，服务人员要根据饮品的种类，为顾客提前准备好吸管、搅拌棒、小勺子……摆放饮品时，店铺的LOGO要朝向顾客，方便顾客拍照。当顾客点购的饮品全部备齐后，服务人员必须双手将托盘轻轻抬起送到顾客面前，并礼貌地向顾客说明，如“您的餐已备齐，请小心拿好”。

第四步：精通专业，有问必答

除了这些看得见的服务，李志还要求每一位服务人员精通所有饮品的种类、制作原材料、材料的产地、每种材料的百分比、制作过程和功效，甚至是某些饮品所含的卡路里等。当有顾客询问时，服务人员能够立刻准确地给予回答。

第五步：感谢顾客光临

当顾客拿着饮品离开柜台时，服务人员要真诚地说“谢谢惠顾”或“祝您愉快”，以便给顾客留下好印象。

有了这样一套标准化的流程，李志的咖啡馆以高效、真诚的服务水准，很快就在当地拥有了名气，再加上别具一格的装修，小小的咖啡馆成了年轻人聚会休闲的网红打卡地。

不管是企业，还是个人，都应该让自己的服务标准化、规范化，并在服务的过程中不断验证、审视我们的服务流程是否与实际业务脱节，然后进行调整。有了标准化的服务流程，就相当于在大海航行中有了指南针，有了风向标。有了标准化的服务流程，才能将产品和服务做好，才能让顾客愿意选择我们，认同我们，并尊重我们。

在当今服务领域，服务人员与客户的关系一定是建立在认可和信任的基础之上的，而标准化的服务流程能够让我们稳定地让顾客感到物有所值，甚至物超所值。因此，如果你的服务还未走上标准化，那么就要尽快着手去做这件事了。

将互联网思维运用到服务中

现如今，人们对服务的要求，不再是“我出现在你面前，你为我端茶倒水”，而是“我坐在家中，依旧能享受到便捷的服务”。这就意味着，服务需要与互联网相连接。

传统服务与互联网的结合，具备三大新特点：开放式、资源共享；模块化，动态组合；智能化，为我服务。这三大特点具有智能化和开放的特性，能够以“为我服务”的方式给顾客提供前所未有的功能。

比如：顾客可以利用手机、电脑或是其他智能化信息家电产品等，输入某种需求，就可以在网络上得到最佳的选择和服务。这些服务可能是确定旅行的航班、酒店、交通等服务的安排，也可能是为企业选择价格、交货和服务条件好的供应商……只要我们将所能提供的服务或是产品以标准化的方式放置在网站上，就可以在短时间内实现与顾客的信息自动连接、自动匹配。

“小王跑腿”公司最初只是在线下接单，但线下的业务毕竟有一定的地区局限性，当所在地区的“跑腿业务”如雨后春笋般层出不穷后，线下的业务也面临着大幅缩水。

于是，“小王跑腿”将业务搬到了线上，利用互联网联络客户，如淘宝网店、微店等。它们根据顾客的要求商量好价格，然后去帮顾客“跑腿”，等事情办完、顾客满意了之后再确认付款。简单来说，“小王跑腿”公司的创业模式就是“互联网+线下服务”，宣传公司、联系业务、付款等都在互联网上进行，具体业务在线下进行。

为了最大限度地宣传“小王跑腿”的业务，其创始人王志会把每次“跑腿”的经历以文字的形式编成故事，然后发到微博上。到目前为止，他已经写了几百个故事了，很多故事的浏览量都达到了上万次，这对于公司来说相当于“广告宣传”，还不花钱。

在线下，“小王跑腿”致力于做好每一次服务。公司的业务涵盖范围很广，包括办证件、送文件、送礼物、送外卖、代报名、代排队、接送人、代驾、代送修家电、代派发贺卡请柬……只要是生活中人们有实际需求的，哪一件事都需要“跑腿”，而且还要跑得快、办得好。所以，服务质量很重要。“跑腿公司”没有别的优势，就是靠卖服务，看谁“跑”得更快、更好。为了提升公司的服务质量，“小王跑腿”升级了业务，摇身一变，成了“U-Time时间管家”，主打在互联网上把时间卖给客户，帮助客户更好地规划时间。

现如今，借助互联网信息技术的深度应用，社会服务的方式和途径在不断优化。实践也表明，发展“互联网+服务”给顾客带来了极大的便利。那么，怎样才能让我们的服务“联网”呢？

首先，可以建立完善的网站，在网站上宣传企业文化、品牌文化等，帮助顾客加强对我们的了解。同时要随时更新信息，更新动态，及时处理网站上的信息。对于顾客提出的疑问，及时给予回应。

其次，可以通过自媒体进行服务，如在微信公众号、微博、小视频网站等发布相关的服务信息，推出各种体验活动等，同时要及时关注顾客的留言，并在留言区与顾客进行友好的互动。

最后，可以设计小程序，通过小程序实现一些服务功能，如利用小程序点餐，这样可以缩短顾客等待的时间，大大提高服务的效率。

作为成长中的新生事物，“互联网+服务”在发展中也面临一些问题。比如：发展不平衡的状况尚未消除，数字安全和个人隐私保护亟待强化，市场主体盈利能力和空间有待提升等。相信随着科技的进步，这些问题将会一一得到改善。我们只需要做好准备，面临这一机遇与挑战即可。

让顾客觉得自己“与众不同”

前文提到过“制定标准化的服务流程”，但这并不意味着没有“个性”可言。标准化的服务流程，是为了让我们的服务更加规范，更容易取得顾客的信任。但“个性化”的服务，能够让我们更加精准地满足顾客的需求。

其实，“个性化”服务这个词，并不是到今天才出现的。早在农业社会时期就已经有了“手工定做”这种雏形，只不过这种手工定做在工业时代被大规模的机械化、标准化的生产方式所取代。但同时，工业化生产也有一个弊端，那就是无法满足顾客多样化、个性化的需求。尤其是在今天这个弘扬个性、倡导创造性的现代社会，个性化服务重新被提上了日程。

所谓“个性化”的服务，就是为顾客提供具有个人特点的差异化服务，使接受服务的客人有一种自豪感和满足感，从而赢得顾客高度认同的一种服务行为。也就是说，“个性化”的服务，是把每一位顾客都当作一个潜在的细分市场，在这个市场上，顾客不再仅仅是服务的被动接受者，还是服务的设计者，可以根据自己的喜好对服务提出一些特定的要求。

世界最著名的酒店之一——伦敦萨伏依酒店，之所以能够得到全世界顾客的喜爱，很大的原因在于它能为顾客提供个性化的服务。

英国颇有名气的演员科沃特，每次来伦敦必住在萨伏依酒店的507号房，而且房内的物件必须按指定位置安放，不可随意移动或增减。有一次，科沃特入住后发现一个放有花盆的茶几被挪动了，他对此大发雷霆。经理得知事情的经过后，命令服务员必须立刻向科沃特先生道歉，并保证以后再也不会发生同样的事情。

对此，服务员感到很为难。道歉很简单，但要保证所有的物品都不被移动位置就太难了，因为每天的客人不同……但经理坚持以顾客的需求为主。服务员回去后思索了半天，终于想到了一个好主意。第二天，服务员带来了一部相机，并从不同的角度把507号房内的所有布置统统“记录”在了胶卷上。另外，他还用尺子量出多个尺寸，把数据原原本本地写进了笔记本内。有了这些“证据”，服务员再也不怕记不住东西摆放的位置了。

现在处处都在强调“以人为本”，“个性化”的服务就是以人为本的体现。它可以提高顾客的忠诚度，让我们拥有固定的客户。“个性化”的服务，一方面体现在硬件设施上，如店铺的装修设计、给顾客的礼品包装等；另一方面则体现在软件上，即服务人员的主观能动性，主动去挖掘顾客的独特需求，并提供“个性化”服务。硬件设施的“个性化”侧重于形式，而“软件设施”的个性化才是服务的核心。

张先生因为工作关系，经常会到南方的某市出差。在入住酒店时，他习惯只用一个枕头。然而，绝大部分酒店会给顾客准备两个枕头。因此，张先生每次都会拿掉一个枕头。有时候一住好几天，办公回到酒店时，房间已经被服务员收拾整齐了，两个枕头也会整齐地回归到原位。

每天晚上拿掉一个枕头这样的事，张先生已经习以为常了，甚至已经将此当成了一个习惯。直到有一次，张先生又换了一家从未住过的酒店。服务人员在收拾房间时发现了这一个小小的细节，并得知张先生要连住三晚时，便拿走了一个枕头，并留下了一张字条：“张先生，您好，我们注意到您只需要一个枕头，所以只给您留下了一个枕头，如果您还有什么需求，可随时拨打我们的总台电话。祝您好梦——服务员刘××。”

晚上张先生回到房间，惊喜地看到床上的枕头少了一个。一个枕头，忽然让张先生感受到了被关注的温暖。他当下决定，以后再来这个城市，就住这家酒店。

“物竞天择，适者生存”，被选中的生物就能生存，没有被选中的就会灭绝，类似这样的自然选择，对服务行业构成了一种压力。我们必须能够提供他人提供不了的服务，才能成为顾客选择我们的理由。

做好个性化服务，不是一朝一夕的事情。个性化服务是一门富有灵活性、创造性的艺术，我们要在满足客人共性需求的基础上，针对客人个性特点和特殊需求，主动积极地为客人提供特殊的服务，对顾客采取“量体裁衣”定制式的服务，这样才能在这场服务大赛的角逐中赢得持续的竞争优势。

令人着迷的“特权”服务

如今的消费者，对纯粹的产品功能改善已无法产生足够的冲动，那些面向一大群人所进行的品牌传播，似乎也不再让消费者感动。顾客需要的是针对自己的、一对一的服务与沟通，俗称“VIP服务”。

这种“VIP服务”就像是我们生活在一个小镇上，大家彼此之间都认识，你走进理发店，理发店老板会知道你上个月刚刚来过，不用你说，就知道你喜欢什么样的发型；你走进菜市场，菜市场小贩知道你女儿要参加高考了，还特地给你留给下最新鲜的蔬菜，让你给女儿补营养；你走进超市，超市的售货员会问你为什么今天来得这么晚，是不是在单位加班了……这种一对一的服务与沟通，能够让顾客体会到爱与尊重。

2023年初，郑先生一个人在北京出差时，身体突发疾病，需要马

上住院治疗。此时，他人生地不熟，想要住进著名的大医院，其难度可想而知。情急之下，郑先生想起了平安保险VIP服务，他立刻在平安金管家App上提出了挂号、陪诊等服务要求。平安保险VIP服务安排专人专车上门，接送郑先生来到北京知名大医院，并办理好挂号、检查、拿药、手术等全部手续。术后，又送郑先生登上飞机，并为回到上海的他提供了量身定制的院后护理服务。郑先生表示，多亏有平安保险VIP服务，他才能渡过难关。

近几年，越来越多的企业开始意识到VIP服务的重要性。然而，传统企业对待VIP客户没有给予过多的优惠资源，往往导致很多VIP客户流失，没有及时建立客户对企业的忠诚度。在客服行业中，很多VIP客户和普通用户的待遇是一样的，长时间在排队等候客服接听，无法享受到VIP级别待遇。VIP服务，成了一种噱头，成了引流的工具，并未发挥出其真正的功效。

那我们应该如何进行VIP维护、带动老顾客消费、提升顾客的忠诚度呢？

首先，产品就是服务，要为顾客“量身定做”。无论是特别的产品还是普通的产品，都可以顾客量身定制，这种“量身定做”，并不是每一位顾客得到的产品都不尽相同，而是我们根据顾客的需求，为他们推荐更加适合他们的种类。

其次，要学会随机应变。所谓“计划赶不上变化”，我们要准备着随时作出变动。在与顾客接触的过程中，我们对顾客的了解也是递进性的，当得知顾客有什么禁忌或是喜好时，就要随着顾客的禁忌和喜好，随时更改自己的服务策略。这样，我们的服务才能得到顾客的认可。

最后，建立顾客档案。要将会员的维护工作真正做细做精，就需要从日常的点滴开始。记录一切VIP顾客的个人信息，包括其兴趣、特征、爱好、习惯、工作、生日以及家人信息等。更进一步，顾客的性格取向、个人消费习惯、个人着装喜好、日常娱乐爱好、生活习惯、喜欢的服务方式、对促销信息的接受情况、价值观等，也需要记录在案。

记录之后，要经常保持与顾客的沟通和交流，以防止顾客的经常性流失，以及为顾客提供更加个性化的服务。

我国有超大规模的内需市场，孕育着大量消费升级需求，为个性化的VIP服务提供了厚实的发展土壤。我们要抓住这个机会，为顾客提供货真价实的VIP服务，让顾客真正体会到一对一服务带来的优越感。

惊喜，是服务必不可少的点缀

如果说实用性是服务的基础，那惊喜就是服务中必不可少的点缀。一点小小的惊喜服务，往往能够为企业、为品牌、为我们带来正面的影响。让顾客愿意去相信我们的社会责任心、相信我们提供的产品和服务必定不会差，这种真诚的信任是花多少钱，做多少广告都买不到的。

那我们应该如何给顾客制造惊喜呢？制造惊喜的方式和途径非常多，但是核心永远是“主动性”：主动洞察客户需求，及时提供意料之外的人性化关怀，触动顾客的“惊喜”神经。

张涛是一家电商的一线客服。有一天，有一位顾客向他询问起一款破壁机。一般的顾客，通常会问刀片的寿命、机器声音的大小等，就决定买不买了。而这位顾客不一样，他问的问题十分细致，甚至具体到每样食材的研磨程度，每个功能的效果。这让张涛立刻意识到这是一位不寻常的顾客。

于是，张涛试探着问道："您为什么询问得这么详细呢？"原来顾客家中有癌症患者，而患者现在只能吃一些流食，所以才会询问得如此详细。

张涛得知这一情况后，跟店长申请了一张大额优惠券，然后写了一张"早日康复"的贺卡放在了顾客的货物中。等到顾客收到货后，张涛又在网上详细地指导了顾客如何使用产品。

过了一段时间，店铺里多了一条200字的晒图评价。在这条评价里，顾客十分真诚地表达了对张涛服务的肯定以及对产品的认可。

以心换心，用真诚打动客户，在提供个性化、人性化、专业化服务的同时，对客户表达出"我关注你"的用心。这一点点的延伸服务，会让客户感受到惊喜，并成为忠诚客户。但需要注意的是，惊喜之所以被称为"惊喜"，那一定是服务超出了顾客的想象。

日本雷克萨斯星丘店会为每一位购车顾客安排交车仪式，其中包括将车辆检测合格证和钥匙亲手交给车主，同时赠送花束和拍照留念。

这一天，有一位顾客要求将交车仪式安排在最早的时间段举行，因为该顾客的祖母要过生日，顾客想要尽快开着新车去接外祖母到长野县昼神温泉庆生。于是，星丘店将仪式安排在了上午9点半举行，仪式结束后，吉田无意间听到了客人和家人之间的对话，得知他们要去住宿的旅馆正是吉田刚刚住过的。吉田便给那家旅馆打了个电话，希望旅馆能够帮忙送一个蛋糕给顾客，费用由雷克萨斯店来出。

但让吉田没有想到的是，这位客户是旅馆的常客，每年都会在这家旅馆给老人庆生。因此，旅馆方面早就为他们准备好了生日蛋糕。吉田只好请他们帮忙准备一瓶上好的红酒，但又得知顾客一家几乎不饮酒。蛋糕有了，酒又不能喝，这该如何是好呢？最后商量的结果是，为顾客准备一束鲜花。做完这一切，吉田觉得还是太过平凡，于是第二天一早又给客人的新车发送了一封邮件："祝老人福如东海，寿比南山。祝您旅途愉快，一路平安。"雷克萨斯轿车搭载有将邮件文字转化为语音播放的系统，客户刚刚提走新车，应该还没有进行过这样的操作。这样的一封邮件用语音播放出来，本身就是一个惊喜。果然，时隔几日，客户打来电话致谢。

作为一名服务人员，其实我们能为顾客做的并不多。这个世界千篇一律的服务太多了，我们想成为一名出色的服务人员，只有在有限的付出里努力提升自己的服务，在给顾客带来实实在在的帮助外，不断给顾客带来惊喜。

同时，惊喜服务不是把某一项做起来，忽略其他内容，而是要贯穿全程，做到共情、创新，做到真诚服务，不忘初心。

拒绝“说服”，让顾客自己体验

生活中我们经常会发生这样的情况，很多产品总是在购买过后才发现并不是自己所想要的，这会直接影响我们对产品的印象。有一种服务方式，可以很好地消除这种情况的发生，这种服务就叫作“体验式服务”。

如果说，过去的成交靠“说服”，那么现在的成交靠体验。体验式服务最大的好处就是，能让客户提前看到服务与产品所产生的效果，并尽快地清楚自己对产品和服务的要求，在这种情况下，被客户选择的概率就会大大地增加。因为没有体验之前，客户自己也不确定这样的产品到底是不是自己想要的。

王拓是一名推销地毯清洁液的服务员，刚开始他总是拿着清洁液和抹布挨家挨户地推销。当他敲开客户的门时，大多数客户是一种拒绝的态度，甚至觉得他是一个骗子。有一次，王拓再次遇到了这样的情况，顾客临关门的一瞬间，王拓看到顾客家的地毯上有很大一块污渍。于是，他灵机一动，说道："不如这样吧，您亲自试试，如果洗掉了，说明我没有说谎；如果洗不掉，我找专业的公司，帮您清洗干净。"

顾客见王拓说得这样斩钉截铁，便答应了试一试。只见王拓在地毯有脏污的地方倒上适量的清洁液，然后用抹布轻轻地擦了几下，这些脏污就神奇般地消失了。当客户看到自己平时怎么擦都擦不掉的脏东西被王拓轻轻地一擦就消失了，就爽快地买了两瓶。

现在，这种体验式服务在市场上已经流行开来。许多商场都有免费品尝、免费试用的服务。相对于一般的服务，这种体验式服务更注重顾客的感受，更容易被顾客所接受。因此，我们要多组织一些活动，让顾客参与其中。比如：一周可以组织一次小型聚会，邀请大家来聊一聊，坐一坐，将服务融入其中，让顾客沉浸在服务中。当顾客真正感受到了服务的"好"，形成了习惯，那购买就成了自然而然的行为。

在按摩椅刚刚上市的时候，很多人对其昂贵的价格望而却步，并且认为自己并不需要一台按摩椅。为了打开销路，郭珊是这样做的。

一天，一名顾客来到店里，郭珊立刻笑着对走进来的顾客说："您好，进来看一下吧！刚上市的按摩椅，用来做全身按摩很有效！""这按摩椅到底有什么样的效果？"顾客问道。

“您以前有做过全身按摩吗？”

“去年做过一次，挺舒服的！”

“这个机器和人工按摩起到的作用是一样的，机器也能够准确掌握身体上的各个穴位，通过按摩从而达到放松身体的作用。而且这比人工按摩方便多了，在家的话随时都能用，并且花费也会少很多。”郭珊吃力地向客户解释着。

“这能和人工按摩比？”顾客对郭珊的话表示了疑问。

“我说的话您可能不信，您自己试试不就知道了吗？”面对客户的疑问，郭珊突然产生了让客户体验一下的想法。

“能试吗？”顾客有些不敢相信，毕竟这款按摩椅的价格可不便宜。

“当然能了。”

在得到郭珊肯定的回复后，顾客半信半疑地坐到了按摩椅上。

然而，顾客试用完毕后，觉得价格还是有些贵。郭姗也看出了顾客的窘迫，说道：“您不用急着买，您明天可以继续过来试用，而且我们明天会有一节关于养生的讲座，到时候会聘请咱们这儿中医堂的名医过来，如果您有空，就过来吧。”

顾客一听有讲座，便答应第二天继续过来。

在第二天的讲座中，中医详细地讲解了身体的各个部位，还告诉大家，经常按摩哪些部位，对身体会产生怎样的好处。说完，又用按摩椅示范了起来。原来，这台按摩椅还能够调节按摩的部位，以及按摩的力度，可以满足每个人不同的需求。

讲座过后，顾客虽然觉得按摩椅很贵，但还是爽快地购买了一台回去。毕竟，这么好的产品，还是要放在家里用着方便。

我们一直认为，产品和服务的好坏都是由我们决定的，但事实上，在服务行业，产品与服务的好坏都是由顾客来确定的。我们觉得好，并不是真的好，关键是要让顾客感到满意。我们可以站在客户的角度上想一下，面对一个陌生人，我们凭什么让他相信我们所说的话呢？百闻不如一见，说得多不如亲自体验。说到底，顾客最相信的人就是他们自己，当他们感到自己真的需要时，我们甚至无须多言。这就是体验式服务最大的好处，让客户自己去说服自己。

那么，怎样在顾客进行体验的时候，抓住顾客的心呢？

首先，在给客户介绍产品和服务的时候不要夸大其词。希望越大，失望就会越大。如果顾客体验过后，发现产品并没有我们说得那么好，所产生的失望之情会令顾客再也不愿意相信我们说的话。所以，我们要对自己的产品和服务有一个中肯的评价，甚至有所保留，让顾客在体验时，产生惊喜的感受，才能达到最好的效果。

其次，一定要注意体验效果和实际效果要相符。如果让客户感觉到自己所体验到的服务与真实享受到的服务存在着一定的差距时，客户心里就会产生一种被欺骗的感觉，这时反而会起到相反的作用。

最后，让顾客进行体验，肯定会在不同程度上耗费一点资金，我们对这方面一定要有一个合理的掌握，这样才能做到双赢。

将无形的服务“可视化”

服务的无形性，往往使服务的结果很难衡量。让无形的服务“有形化”，不仅意味着要“说出好服务”，还要“做出好服务”，让我们的服务被人看见、被人知道、被人传颂。

王勋是一名物业服务人员。有一次，一个老大爷碰到王勋，聊起了物业的工作。老大爷说：“平时看你们忙忙碌碌的，但说实话，你们平时做了些啥？我们根本看不到呀！”

老大爷的话，让王勋深受触动。物业的服务在某种程度上似乎是看不见、摸不着的，就像花园里的绿树，没有物业进行管理和修建，就会变得杂乱无章。如何才能将服务进行可视化展示，让人们能“看到”“看懂”物业的服务呢？王勋陷入了思考。

经过一段时间的思索，以及与同事们的讨论，最终王勋找到了将服务“可视化”的方法。他们将物业服务工作、小区社区文化以及生活大小事记录下来，通过微信群公告、小区宣传栏等方式与小区业主进行分享，将小区最新的动态信息及时告知广大业主，并接受业主的“检阅”。业主及时了解了物业工作，掌握了小区动态，才发觉原来在看不到的地方，物业竟然做了这么多工作，对于交物业费这件事也变得积极了许多。

服务可视化，能够让服务更加直观，可以有效提升服务水平，增强顾客良好的体验感。将无形的服务有形化，是拉近我们与顾客关系的有效途径，同时，可视化能让易逝的服务长期固化下来。那么，我们应该怎么做，才能将无形的服务变得“可视化”呢?

第一，固化服务操作过程。固化服务操作过程，就是将服务可量化，如一个季度的服务数据看板。具体操作为根据自身的情况，制定出服务标准，然后根据标准用百分比来评价每一次服务的水平，长此以往，服务就能够形成一条可视化的曲线。通过这条曲线，我们能够准确地发现服务中存在的问题，根据数字的趋势走向查漏补缺、精准改善、稳定服务质量，进而提升服务水平。

第二，让服务信息可阅读化、形象化。可以将服务的过程变成一首诗歌、一张照片；也可以将服务的过程形成看得见的形象的素材，比如吉祥物形象、品牌标识等；还可以将服务过程制作成短视频。

第三，对服务内容及时记录存档，最大限度地保留原始信息。筛选信息时，遵循从简单到复杂、先现成再创作的规律进行挑选。此外，在内容方面，要提前征得相关人员的同意，还要注意精选一些能给人留下深刻印象的，比如触到痛点、泪点的，前后对比明显的，强烈视觉冲击的。

第四，通过合适的场合、时间和平台进行传播。设计好的可视化资料，可以放置在较为显眼或人流密集的位置，作为日常展示之用，也可以通过自媒体在网络上进行适度传播。每隔一段时间，要检视表达方式的适用性，看看是否能持续吸引顾客的关注、传播效果好不好等，然后及时予以更新调整。

服务是无形的，只有从细微工作入手，有所作为，才能让无形的服务“有形化”，才能让顾客更加直观、更加真切地体会到我们的服务。

顾客是上帝，更是家人

在当今这个物质和信息爆炸的时代，消费在不断升级，商品在哪儿都能“买得到”的时候，产品本身已然不能成为核心竞争力的关键，这时拼的就是购买过程中的体验。当所有人都把顾客当作高高在上的上帝“供”起来时，如果我们将顾客当作家人，那势必会给顾客带来不一般的体验。

把顾客当上帝，我们始终跟顾客存在着距离感，当人心与人心之间产生了距离，那就难以产生信任，没有信任，就难以取得支持。而能否赢得顾客的支持，决定着商品的兴衰。因此，松下幸之助曾说：“要把顾客当成自家人，将心比心，才会得到顾客的好感和支持。”

李鑫是一名置业顾问。一天，一位女顾客找到他，想要买一处四合院。去过老北京四合院的人都知道，四合院不好找：一来，四合院很多在改造、拆迁；二来，四合院通常位于又窄又长的小胡同里，车开不进去。

为了节省顾客的时间，李鑫每次在找到合适的四合院时都会为客户做好每一套房子的单套介绍，然后提前去四合院勘查好行车路线，安排好停车位，反复确认没有任何疏漏后，再带顾客上门看房。

看了几套后，顾客发现四合院虽好，但是停车等问题确实不太好搞定，最后决定不买了。李鑫又顺着顾客的思路，为顾客推荐了几处中式风格的别墅，虽说比起四合院要远一些，但都是新房子，而且大部分人车分流，有自己的车库，停车比较方便。顾客听了后，打算先看看。约定看房的那天，正好是母亲节。李鑫在路边看到卖花的，忽然想到了自己的母亲，顾客的岁数跟自己母亲差不多，也不知道她母亲节这天能不能收到花。想到这里，李鑫便到花店买了一束康乃馨。见到顾客时，将花送给了顾客。顾客当时特别感动，因为顾客的子女在国外多年，没办法送花给她。

看过房子后，顾客特别喜欢，就打算先排一个号，但是考虑到近期要出国，可能没办法来交钱，就直接把卡给了李鑫，让李鑫帮她交钱预定。后来，顾客又觉得别墅太远了，还是想考虑市区的房子。于是，李鑫又带着顾客看了三个住宅项目。考虑到顾客的年龄，李鑫每次都会提前准备好遮阳伞、饮料、零食等，就像是照顾自己的妈妈那样去照顾顾客。

最后，顾客决定在一套平层的二手房和距离自己现在住址不远的一套一手别墅之间做出选择。为了帮顾客做出最优选择，李鑫给顾客做了专门的对比分析表格，将房子和项目的优劣势对比直观地呈现给客户。按理说，顾客买哪套，李鑫都有佣金可赚。但李鑫认为，要把顾客当作自己亲人来对待，不能只考虑自己的佣金，还要考虑顾客的利益。

经过一系列的对比，顾客最终选择了一手别墅，李鑫靠着这一单挣了近50万元的佣金。但对李鑫来说，这个单子最让他有成就感的地方不在于挣了多少钱，而在于一切的出发点都是因为爱。

也因为有爱，李鑫和顾客成了忘年交，顾客每每出国旅游，都会给李鑫发来照片，分享她的快乐和喜悦。而李鑫看着顾客丰富多彩的生活，也会打心眼儿里为顾客感到高兴。

市场竞争虽然激烈，但也充满着人情味，我们把客户当成亲人，客户也信任我们。人心都是肉长的，付出总会有回报，以心换心，才能赢得顾客的心。与人方便自己方便，当我们百分之百奉献时，回报往往也会出人意料。

把客户当成亲人，而不是冰凉的、被高高挂起的上帝，让顾客享受到的是亲人间的温馨、惬意和舒适。服务做的是生意，但同样在经营人心，让顾客来时舒心，走时满意，才能赢得更多的回头客。

顾问式服务，让“务”超所值

所谓顾问式服务，是指客服人员以专业的服务技能，运用分析能力、专业能力、实践能力、创造能力、说服能力完成客户的要求，并预见客户的未来需求，提出积极建议，为客户“量体裁衣”，从而提供切合客户需求的服务。

传统服务理论认为，客户是上帝，服务是为了更好地卖出产品。顾问式服务，则是站在朋友的立场上为客户解决问题，让客户更好地去了解产品，协助客户买到更实惠的产品。避免客户在对产品一无所知的情况下，花费一些不必要的钱，从而最大限度地帮客户节省开支。我们要想做好顾问式服务，就要抓住顾问式服务的核心——如何在多元化的产品和服务中，为顾客挑选出他们真正需要的服务。

一天，某丰田汽车4S专营店来了一位特别喜欢吉普车的年轻女士，想要购买陆地巡洋舰。然而，服务人员经过对顾客社会地位、经济实力、工作性质等多方面分析后，发现这款车型并不适合这位女士。因为这款车不适合在城市跑，野外才是它的天地。

可是这位女士就是很喜欢吉普车，而且她还经常开车到郊区旅游。服务人员综合分析了这位女士的特点后，向她推荐了RAV4城市运动车。这款车不但有足够的越野性能，而且其小巧的车身还与这位年轻女士娇小的身材很匹配。这位女士试车后，觉得服务人员推荐的款型比自己喜欢的那款合适多了，感叹道："果然专业的事情，还是得交给专业的人才。"

有时候，顾客的喜欢并不代表他们真正的需求。很多顾客为自己的一时喜欢买了单，最终却发现并不适合自己。因此，如果我们能真正提供既适合顾客，顾客又喜欢的服务和产品，那顾客一定会十分感激我们。不过，要做到这一点的前提是，我们需要不断提升自己的专业知识，这样才能做到随时随地解答顾客的各种问题。

一天，一位女士来到某品牌手表专柜前想选购一款手表，但柜台里琳琅满目的手表让她无从选择。这时，服务员看出了这位女士的窘迫之情，便率先开口问道："您想要一款什么样的手表呢？"

女士回答道："我想买一款表面比较耐磨，款式比较经典和百搭的手表。"

耐磨？服务员还是第一次听到顾客有这样的需求。虽然从未遇到过这样的顾客，但是服务员因为之前做了详细的功课，熟悉了每一款手表，还有如何搭配等，所以他并没有被顾客难倒。

只见服务员的眼神在柜台里是搜寻了片刻，便拿出了一款手表，说道："女士，您看看那这款手表。这款表采用的是硬度极高的钨钛合金，在外观材料中是最耐磨的，您可以划着试试。"

顾客试着划了一下，发现果真没有任何划痕，惊喜之情溢于言表。

服务员接着说道："这只表最大的一个特点就是常戴常新，因为这种高硬度的钨钢只要稍加擦拭就会显出特别的光泽。以您的气质，相信这款表一定很适合您，您觉得呢？"

顾客越看这款手表越喜欢，当即就交钱买走了。

在顾问式服务中，专业是赢得客户信任的首要条件。这是一个良性的循环，只有我们足够专业，才能提出令顾客信服的建议。顾客在采纳了我们的建议后，会更相信我们的专业性。除了要有专业水平以外，还需要我们以一个朋友的身份去帮助顾客，这时顾客才会对我们产生依赖性。如果我们在接触顾客的时候怀着一定的目的性，那么只会让顾客对你产生戒备的心理，这时即便我们足够专业，也难以赢得顾客的信任。

不过，顾问式服务虽然好，却不是处处都适合。我们在设计顾问式服务时，需要考虑以下两点。

第一，分析所在行业的特征。实施顾问式服务必须先分析所在行业的行业特征是否适合提供顾问式服务。通常而言，需要这种顾问式服务的行业大多是技术要求高或价值高的行业，对于大众化的产品实施顾问式服务就没有太大的必要。

第二，实施顾问式服务是有条件的，因此需要建立专业的顾问式服务团队。要为客户提供顾问式服务，就必须建立起一支高素质、高能力的服务团队。顾问式服务比起过去的服务更需要客服人员保持积极的态度，不断激发自身的热情，并始终贯穿在与客户的交往活动中。

当下，顾问式服务已然是当今先进的服务模式之一。我们要想搭上这辆“快车”，就要提供满足客户真实需求的服务，站在客户的立场上提供建议，才能取得客户的信任，并赢得服务的成功。

Service

Determines Everything

第六章

危机处理，决定了服务的满意度

从事服务行业，我们经常会遇到顾客不满意的状况。这种不满有时候是针对客观存在的问题，有时候仅仅是顾客主观情绪的抒发。但这都说明了一个问题，那就是我们的服务还未达到顾客心目中的要求，还有待提高。只有我们妥善周到地处理好顾客的不满之情，才能为自己迎来下一次服务的机会。

倾听，让顾客发泄出情绪

在顾客发泄不满时，我们的第一反应往往是为自己辩解，试图以此来平息顾客的不满之情。然而，我们越解释，顾客的情绪就越激动，不满也越加严重。

当顾客滔滔不绝地表达自己的不满之情时，他们的目的并非想要一个合理的解释，他们更注重自己的“怨气”是否发泄了出来。这时，我们与其浪费口水去解释，还不如静下心来，认真听一听顾客的不满究竟在何处。

陈先生做理发学徒多年，终于开了一家属于自己的理发店。没想到，开张不久的他就遇到了顾客的投诉。

一天，店里来了一位女顾客。她手持照片，想让陈先生给她做出照片中的发型样式。陈先生凭着自己精湛的手艺，几个小时后就做出了跟照片中一模一样的发型，女顾客满意地离开了。然而，离开后没多久，女顾客怒气冲冲地折返回来，张口就抱怨道："你这是什么手艺呀？你看看这卷儿、这颜色，这么老气。我回去后，大家都说我这发型太显老了，你让我怎么出门呀？"

陈先生听了，非常真诚地道了歉，说道："没能让您满意，是我的失误，十分感谢您能指出我的不足之处，在以后的工作中我会努力改进。"

女顾客本来抱着据理力争的态度前来，但陈先生的态度却令她无法再继续下去。本来她对刚做好的发型还是挺满意的，但架不住周围的人都说"不好看"，她内心憋闷，只能将怨气发泄在了理发师身上。而陈先生也明白这其中的缘由，深知与顾客争执也争执不出结果，那就干脆让顾客发泄个痛快。

随后，陈先生又提出了解决的方案："如果您对发型实在不满意，我可以给您退全款，并且给您重新设计一个发型或是恢复成原状，您看可以吗？"

女顾客此时已经完全没了脾气，并为自己的行为感到些许羞愧，连忙说："谢谢您的理解，您重新给我修整一下吧，只要看起来别这么老气横秋就行了，费用就不用退了。"

正如西方有句名言："上帝赋予人类两个耳朵一张嘴，是为了让我们少说多听。"当我们十分耐心地倾听顾客发泄不满情绪时，相信顾客有再大的不满，也会随着自己的一声声抱怨烟消云散。相反，如果我们据理力争，不但不能说服顾客，最终可能还会发展成一场争吵，既无法解决问题，又会因此失去一个顾客。而倾听的好处，不仅局限于此。顾客的抱怨声中其实隐藏着很多信息。

首先，也是最重要的信息，就是顾客真正的诉求。有时候，顾客表面上抱怨产品不好，实际上是没能在服务过程中获得相应的情绪价值；有时候，顾客抱怨服务不到位，实际上是觉得付出和收获不成正比。只有找到了顾客不满的真正原因，我们才能对症下药，从根源上解决问题。

其次，顾客的抱怨，可以让我们看到所提供的服务与顾客需求之间的差距。无论顾客是因为何种原因对服务不满，都能说明我们的服务有所欠缺。因此，顾客的抱怨可以让我们发现不足之处，并及时对存在的不足进行修改，令我们的服务更加完善。

某位女士在买了一台全自动洗衣机回家后，发现洗衣机无法自动完成第二次注水，便来到店里投诉。该女士情绪激动，表示自己听从了销售的建议，买了这台最新款的洗衣机，没想到却是坏的。她要求厂家不但要赔偿经济损失，还要赔偿精神损失费。

当初负责销售的小李感到十分委屈，首先是顾客要求买一台功能齐全的全自动洗衣机，其次还不知道问题究竟出在哪里，怎么就能确定一定是洗衣机的质量问题呢？但面对顾客的指责，小李收敛起自己的情绪，十分耐心地倾听着顾客的抱怨。顾客见小李一直面带微笑，并未进行反驳，语气也渐渐缓和了下来。

小李抓住机会，说道：“女士，我很理解您焦急的心态。你看这样行不行？我联系一下维修师傅，现在就跟您去家里看一看，找到故障的原因，如果真的是洗衣机的质量问题，那我们一定会照价赔偿，并弥补您的损失。”

见小李这样说，该女士便同意了。维修师傅上门检查后，发现了两个问题，一个是洗衣机在洗涤的过程中，没有盖上顶盖，这在洗衣机运行的过程中是不被允许的行为；另一个是排水管高于排水阀，导致废水排不干净，使得洗衣机无法进入下一个程序的工作。

这两个问题都属于人为因素，并不属于产品质量问题。但小李还是十分诚恳地向顾客道了歉。在小李看来，虽然产品质量没有问题，但自己的服务却出了问题，没能在产品介绍的环节详细介绍产品的使用方法，这才导致了顾客不满的产生。

顾客的抱怨多种多样，服务人员在面对这种情况时首先要做到倾听，让顾客先将心中的不满发泄出来。当顾客激动、愤怒的情绪得到缓解之后，再进行下一步的工作。

以感激之心，对待顾客的投诉

身在服务行业，工作的目的就是让顾客满意。如果顾客不满意，很多人认为，被顾客投诉是一件坏事。其实不然，投诉是挑战与机遇并存的，只要处理得当，投诉对于服务人员个人以及整个集团和品牌来说，都是一笔宝贵的财富。

为什么这么说呢？投诉的出现，意味着客户对服务水平的要求更高，这是服务内驱的产生；同时客户投诉增加了外部的监管力度，这是外部驱动促进行业变革的动力。若是意识不到这一点，那将错过让自己变得更好的机会。

某物业最近就被业主投诉了，原因是楼门前的垃圾清理不及时，导致蚊虫滋生。面对业主的投诉，陈丽表示不服。她认为卫生环境不好，并非物业清理不及时，而是因为小区里某些业主的素质太低，随手乱丢垃圾，业主这样的素质，物业再勤快，也没办法保持良好的居住环境。

陈丽的一番话，彻底惹怒了业主，业主将陈丽的话原封不动地发到了业主群中。一石激起千层浪，业主群里炸开了锅，业主们纷纷罗列起了物业的种种"罪责"。那些原本对物业没有太大意见的业主也在群众情绪的带动下，生出了些许不满。

就这样，原本只是一件很小的事情，逐渐发展成物业与业主对立的状态。几名业主还成立了业主委员会，并在会中通过了撤销该物业的提议。这期间，物业经理几次与业主委员会沟通，积极寻找解决方案，并一再承诺会提高物业水平，但都被业委会拒绝了。

理由很简单，在还没有成立业委会时，物业态度嚣张，并说业主素质低，丝毫没有将业主放在眼中，更不要说履行"顾客是上帝"的职责了。这样的物业公司，业主们又怎么心甘情愿地将管理费交给他们，让他们继续来管理呢？就这样，该物业因为员工陈丽的几句话，被业主们罢免了。

面对顾客的投诉，或许你会感到委屈，甚至是愤愤不平。但仔细想想，自己做得真的尽善尽美吗？所以，比起充满敌意地对待投诉，倒不如学一学如何妥善处理客户投诉，以及经营和维系客户关系。

在海尔集团的公众号上，曾讲过这样一个故事。

1996年，一位四川农民投诉了海尔洗衣机。他在投诉中说，海尔洗衣机的排水管总是堵塞。售后服务人员在接到这个投诉后立马安排维修服务人员上门进行维修。服务人员上门后才发现，洗衣机排水口总是堵塞的原因，竟然是因为农民总是用洗衣机清洗地瓜。地瓜表面的泥土多，排水管当然容易堵塞。但是服务人员并没有推卸责任，而是帮顾客加粗了排水管。

农民对维修人员的服务十分感激，并说道："要是能够有专门洗地瓜的洗衣机就好了。"这话被服务人员记在了心里，并反映给了技术部门。起初技术部门将这话当笑话一样讲，没想到这话传到海尔集团董事局主席兼首席执行官张瑞敏的耳朵里，张瑞敏听后可不认为这是笑话，而是实打实的商机，当即要求研发部门满足顾客的需求，研发一款能够洗地瓜的洗衣机。

终于，在研发部门技术人员的努力下，一款能够洗地瓜的洗衣机诞生了，它不但具备一般双桶洗衣机的全部功能，还可以洗地瓜、洗水果。

一个看似无理甚至是荒谬的要求，却成了海尔提升顾客忠诚度的有力"武器"。事实上，有远见的企业或是服务员会以感激之心来看待顾客的投诉。甚至很多公司每年要花费数百万美元来开展形式多样的顾客反馈调查，从而搞清楚他们哪里做得好，哪里做得不对。越是伟大的公司，越不会将顾客的投诉置之不理，而是会接纳它们，借此找出沟通、流程或政策上存在的问题。同样的道理，对于服务人员同样适用。

我们应该感谢顾客愿意投诉我们，只要顾客还愿意"投诉"，就表明顾客对于企业的服务还抱有期待；如果连"投诉"的意愿都没有了，那就意味着顾客对于企业的服务已经彻底失去了信心。

我们要认识到，投诉是时代发展的必经之路，没有投诉就没有提高，没有提高就没有发展。只有不断地发现问题、解决问题，才能不断地完善，并发展壮大。

遇到投诉，道歉为先

当遇到顾客投诉，你的第一反应是“辩解”，还是“道歉”呢？调查显示，大部分人会选择“辩解”，尤其是对于一些莫须有的“罪名”，更是想要极力澄清“与我无关”。

事实上，身在服务行业，不管是不是我们的错，都应该先道歉。而很多经验不足的员工或性格直接的服务人员，在面对顾客投诉时一般都会带有情绪。就像恋爱中的男女发生了冲突，双方都认为对方在无理取闹，自己不应该惯着对方，所以在沟通中会选择忽视对方的情绪，以自己认为“理性”的语气和态度处理问题，并试图让对方认可自己的道理。

更有甚者，与顾客争论的原因，并非觉得自己没错，而是为了“面子”而战，觉得无论是不是自己的错，都不能轻易认错，否则就处在了下风，会被顾客任意拿捏。不管是觉得自己有理，还是怕失了面子，拒不道歉的态度不但不能让顾客“屈服”，反而会让顾客的怒火越来越旺。

长沙的徐女士在某连锁超市购买了两包120克装的夹心饼干，第二天早上，准备打开食用时却发现该饼干已过期3个多月了。徐女士感到奇怪，这么大的连锁超市，怎么会出售过期产品呢？于是，徐女士再次来到该连锁超市，发现自己买的120克装的夹心饼干在超市货架上还有不少，而且还有过期产品掺杂其中。

随后，徐女士带着小票和两包过期的饼干找到了该超市的客户服务中心进行交涉，接待她的是值班经理彭先生。徐女士当即向该超市代表彭先生提出两个要求：一、对购买的饼干予以双倍赔偿；二、希望店方能就此事件本着负责的态度向消费者公开道歉，并出公示牌让其他的消费者凭小票予以退换。

经过核对饼干的包装、购买小票和查看货架后，彭经理承认了饼干过期的事实，表示愿意退款，但对徐女士提出的公示牌告知其他的消费者退货和公开向消费者道歉的要求，表示无法接受。其实道个歉并不难，但彭经理考虑到公开道歉就等于向广大消费者公布超市售卖过期产品，这会影响超市的形象。同时，彭先生觉得徐女士的要求有些过分，超市已经进行了翻倍赔偿，为什么还要将此事闹得人尽皆知呢？为了维护超市的形象，彭经理选择了拒不道歉的态度。

而对徐女士来说，她并不在乎赔偿金额，她在乎的是作为消费者的权益。一个大型国际连锁超市，如果连公开承认自己错误的勇气都没有，那还凭什么赢得消费者的信任呢？这一次是自己发现了，要是没有发现呢？超市这种不负责任的态度，让徐女士感到十分震惊。同时，徐女士也决定绝不能让这件事就这么算了。

之后，徐女士便联系了当地记者。在记者的介入下，徐女士再次被请到了超市的办公室中。徐女士以为对方终于意识到了自己的错误，打算公开道歉。结果却被对方告知，不希望此事有媒体参与，也希望徐女士不要再做有损超市形象的举动。因为超市已经给予徐女士一定的赔偿，至于公开道歉这件事，法律中没有相关规定，超市也没有这个先例，所以不能满足。

后来，媒体再次进入该超市进行调查时，遭到了工作人员的驱赶和拒绝。徐女士只好向长沙市卫生监督所反映此事。

为了给消费者一个交代，卫生监督所查封了该超市一个星期，对每样产品都进行了严格的筛查，结果又被查出来几项不合格的产品，其中包括熟制肉类大肠杆菌超标，海鲜产品捆绳重量超标等，之后又被勒令停业整顿了三个月。

顾客投诉真的是因为我们做得不够好吗？其实不尽然。顾客投诉的很大一部分原因是我们的服务没能达到顾客的期望值，这是一个感性的因素。因此，要处理好投诉，首先要处理好顾客的感情。而处理顾客感情的第一步就是“道歉”。“道歉”是有魔力的，很多时候能够不动声色地平息“战火”，可谓解决顾客不满的、成本最低的途径。

几位客人正在一家餐厅里用餐，服务员小张在上汤的时候，一位客人突然起身，碰到了小张，小张来不及躲闪，手里的汤水溅出，洒在了顾客的西装上。

顾客十分恼火地质问小张："你是怎么服务的？汤都洒我身上了！"

面对顾客的指责，小张连忙向顾客道歉说："十分抱歉，先生，是我不小心弄脏了您的衣服。您看这样行不行？你把衣服脱下来，我拿去干洗一下，然后再重新为您上一份汤。"顾客听了没再说什么，只是将衣服脱了下来。

等到顾客用餐结束后，小张拿着干洗完的衣服回来了，一边交给顾客，一边再次真诚地向顾客道歉道："实在对不起，先生，耽误您用餐了。您的衣服已经洗干净了，希望不要因为此事影响您用餐的心情。"

顾客看着被洗干净的衣服，听着小张真诚的道歉声，不满和怨气早就消失得无影无踪了，反而觉得自己也有一定责任，若不是自己突然站起来，小张又怎么会碰到自己呢？想到这里，顾客提出自己承担洗衣费用，小张却连连摆手说"不用"。

顾客走后，小张的同事不解道："洗一件衣服好几十块钱呢，你这一单算是白做了，为什么不收下顾客的钱呢？更何况顾客也不是一点错也没有。"

小张听了，笑着说："咱们做服务员的，提供的就是服务，如果服务过程中让顾客感到不开心了，那就是咱们工作没有做好。就算顾客也有责任，那也不能说明我没有错，既然有错，就应该承担这个后果。"

同事听了，忍不住对小张竖起了大拇指。

道歉并不意味着“没面子”，也不意味着我们错了，而是一种凡事不与他人计较的大度，是个人素质和修养的体现。

很多时候，顾客什么态度，取决于我们是什么态度。人与人之间都是相互的，我们对顾客“刀剑相向”，顾客自然也不会对我们笑脸相迎；相反，顾客对我们恶言恶语，但我们却能以真诚的态度道歉为先，顾客也会在我们的大度中放下戒备，敞开心扉。

主动道歉，主动改善我们与顾客之间的关系，当我们与顾客之间架起更为信任的友谊桥梁时，一切问题都将变得简单且易于解决。

永远不要推卸责任

在面临投诉时，很多人的第一反应会认为自己没错，想办法糊弄过去，并且认为客户是错的，是客户胡搅蛮缠。甚至就算是有错也不能承认，否则就会为自己招来麻烦。殊不知，当顾客产生不满时，我们越推脱，事情就越难以解决。或许只是一个小小的问题，却因为推脱责任，让损失变得越来越大。

“双11”期间，王女士在网上购买了一台学习机。付款之前显示七个工作日内发货，然而王女士付款十多天了，店家依旧没有发货。王女士只好找客服问明情况。客服的回复是：“按照购买顺序依次发货。”王女士便质问道：“买之前承诺七个工作日内发货，买之后就按顺序发货？你们还有没有诚信？”

面对王女士的质问，客服并未给出明确的答复，而是推脱说：“这是销售人员的承诺，需要找销售人员解决。”

王女士只好去找销售人员，在直播间刷屏式地询问了十多遍，才得到销售的回复：“销售只负责售前，一旦售出，一切皆由售后负责，所以具体发货时间要找售后核实。”

无奈之下，王女士只好又去找到售后服务人员。结果，售后人员又说：“售后也无法决定什么时候发货，需要向合作网站核实。”

然而，王女士到网站上找到网络客服后，发现网络客服是机器人回答，无论王女士问什么问题，下面都是一大堆选项。后来，王女士将其转为人工客服，排了一上午队，才得到回复。结果，回复竟然是让王女士找厂家沟通，因为网站只是中间商，发货是由厂家决定的。

多次多方面沟通无果后，王女士只能选择了投诉，然而投诉也无法解决发货问题。无奈之下，王女士选择了退款，购买了另一家品牌的学习机。

“这不归我管”“这个问题太复杂了，我无法解决”“这个太难了，我不会”“时间太短了，我解决不完”……类似这样的借口，乍一看，合情合理，但仔细一想，不过是不敢承担责任或是不想承担责任而为自己找的借口罢了。

身在服务行业，我们若想抓住顾客的心，就应该懂得承担责任的重要性。不要为了自己轻松，而将所有的不尽如人意都归结为他人的不理解、顾客的刁难。要知道，勇于承担责任，体现的是一种超强的执行能力。

陈先生在入住一家五星级酒店时，发现客房服务员竟然用抹布擦拭水台。于是，他便投诉了酒店，表达了自己的不满。服务员对此投诉十分不满，她认为自己带的抹布都是经过了严格的消毒步骤，即便是用抹布擦拭了水台，也不用小题大做。

面对服务员的狡辩，陈先生十分生气，就在双方争执不下的时候，房务部经理朱吉适时赶到了。朱吉没有急着为酒店辩解，而是为酒店给陈先生带来了不愉快的体验而感到抱歉，然后主动提出为他升级房间，并赠送了早餐券。得知陈先生是外出办公，舟车劳顿，又送给陈先生几张酒店楼下SPA馆的代金券。

一系列操作下来，陈先生的怒气立刻消了一大半。此时，朱吉抓住机会，趁机将酒店的消毒步骤详细地说了一遍，目的就是让陈先生放心居住，最后才说，尽管消毒步骤十分严谨，当时用抹布擦水台的行为错了就是错了，不能因为抹布天天换，经过了严格的消毒工序，就可以随便擦拭任何地方。

此时的陈先生已经完全消气了。

面对顾客的投诉，不但不应该推卸责任，还应该主动揽责。这不是置集体的利益于不顾，而是将集体的利益放在了首位。或许因为承担责任，集体会因此损失一部分经济利益，但是得到了更为重要的口碑。

对于个人而言，一个人的社会价值往往是由他所承担责任的大小来衡量的。承担的社会责任越重，承受的压力就越大，你在社会上的地位也就越重要，你的社会价值也就越高。因此，我们应当将承担责任视为一种荣耀，以积极主动的态度，面对危机，承担责任。

处理投诉要及时，再及时

有时，我们仅仅通过倾听、同情和真诚道歉等就能化解顾客的不满，解决投诉的危机。但更多时候，顾客的不满会涉及更换产品、返工或者退款等现实问题，这时就需要我们做一个问题解决者。当我们把问题解决了，投诉自然也就化解了。而顾客解决问题的首要需求，就是及时。

一位顾客在购买了海尔的洗衣机后，发现进水管接上以后漏水，顾客便打电话向海尔的客服人员求助。接线的是一位小姐姐，询问问题又快又准，最后说了句“我们会尽快安排维修人员上门为您服务”。

三个小时后，维修服务人员便敲响了顾客家的门。等门一开，他就连连道歉道："实在不好意思，上一家在城南，正好方向相反，路上还堵了一会儿车，让您久等了。"说完，维修服务人员就换好鞋套赶紧进屋维修去了。不一会儿，一个新的接头就换好了。顾客十分感动，想留下维修师父在家喝点水吃点饭，但都被维修师父婉言谢绝了。临走前，他还赠送给顾客几个海尔的钥匙扣。

维修师傅走后不久，顾客接到了一个电话。电话中的客服小姐姐询问顾客对维修师傅的服务是否满意，在得到顾客肯定的答复后，又叮嘱顾客道："维修师傅说您家的水压有点大，您要注意在开水管时不要开得太大。"客服的细心再一次温暖了顾客。

后来，水管又被崩开了一次，顾客再次打通了维修电话，第二次的服务与第一次的服务毫无差别，仍旧是那样迅速、高效。

再后来，顾客家换新电器时，首先考虑的就是海尔，他还介绍亲戚朋友也购买海尔的产品。

当顾客反映了问题，提出了要求时，他们最大的希望就是问题能够快速解决，而且是越快越好。因此，只要我们"快"了，就能在很大程度上赢得顾客的好感。

对于那些信息充分、可以确定无疑地做出判断，并且有足够权限采取行动的投诉，我们应立即给予顾客答复，越快越好。对于那些还需要进一步调查或验证才能做出判断的投诉信息，或者没有足够权限采取行动的投诉，我们应该告诉客户延期答复的时限，以及通过何种方式通知，一旦确定了解决方案，就要在第一时间给予顾客答复；如果处理时间较长，则需要定期打电话告知顾客处理的进度，让顾客心中有数。

对于那些不在我们职权范围内的投诉，需要及时移交给规定的专业人员或机构进行答复。在这个过程中，我们一定要确保将投诉移交给适当的人员或机构处理，并向这些人员或机构叙述你了解到的全部信息，转交相关材料，并帮助顾客与之建立联系。

总之，一定要力争在最短的时间内卓有成效地解决问题。如果，在处理投诉的过程中，还能够征求顾客的意见，那既可以让顾客感受到尊重与重视，也可以帮助我们更好地解决问题。

及时处理顾客的投诉，无论是对服务员自身，还是对门店都十分重要，可以产生许多积极的影响，包括提高客户满意度、增加忠诚度、避免不必要的损失以及改善企业形象等。

顾客不会因为我们处理得不及时就放弃了投诉，他们会找你的上司、找你上司的上司、找最大的老板、找监管部门，甚至是找媒体、自媒体……这时，即便我们没有做错什么，尽管我们只是缺少了一点速度，那也不见得能保住我们的工作。

一位顾客购买了一款品牌电视机，结果发现没有闭路连接线。于是，顾客便花钱买了一根，但连接调试后却发现效果很差。于是，他便给客服打电话，但是电话一直占线。好不容易拨通了电话，客服匆匆问了几个问题后，便承诺维修师傅会上门维修。

结果，顾客等了快一个星期，维修师傅也没有上门，顾客无奈之下只得继续打电话。在顾客不厌其烦地催促下，维修师傅才上门，用了五分钟不到，电视就被调试好了。顾客没想到这么简单就解决了问题，却让自己等了十多天，不禁对这个品牌失望至极。

没有希望的等待，是这个世界上最痛苦的事情，千万不要让我们的顾客陷入这种境地之中。同样一件事，早做和晚做的结局截然不同。因此，当面对顾客的投诉时，我们一定要在第一时间给予顾客回应，如果能当场解决，绝不要拖到明天。如果不能当场解决，也要采用合理的方式答复顾客。

置身“事”外，与顾客共情

作为直面投诉的第一人，服务人员有点“倒霉”，顾客抱怨的问题可能与自己毫无关系，却不得不接受顾客的批评、指责等。因此，顾客的抱怨往往会让服务人员心生不快，甚至会影响一天的心情。

其实，顾客的投诉很大程度上并不是针对某个服务人员，他们的不满更多来自对产品质量的不满、对服务流程的不满等。反过来想想，顾客也很可怜，他们花钱购买了服务，却未能满足自身的需求。他们的投诉影响了服务人员的心情，但与此同时他们的心情或许会更糟糕。

王俊丽在一家家具城做导购。有一天来了一对中年夫妻，说是要为儿子的新房添置家具。王俊丽看着夫妇俩穿着考究，而且口口声声说买家具还得买品牌的，便直接带着他们来到了店里的高档家具区域。

女顾客这看看，那摸摸，对家具的样式和质量甚是满意，可一看到家具的价签时，立刻变了脸色，从一开始的满意瞬间变得挑剔起来："这沙发这么硬，坐着肯定不舒服。"王俊丽连忙解释说："这款沙发的海绵，使用的是高弹海绵，并经过了反复测试，至少可以使用十年以上不塌陷。"

面对王俊丽的介绍，女顾客嘴一撇，说道："别说那么远，十年后你们店还开不开都不知道。"

这话让王俊丽感到十分无语，但出于职业素养，还是好脾气地说道："大姐，我们已经开了20多年了，不会说倒闭就倒闭的。而且这款沙发的质保就是10年，10年间如果有塌陷，您可以随时来换。如果我们的店不在了，您可以直接找厂家，厂家也是会认的。"

女顾客听了，好像认可了似的点了点头，转身又问起了一款茶几："这款茶几还能优惠吗？"王俊丽回答道："茶几目前没有优惠。但咱们现在有活动，消费满一万，就能够砸金蛋，金蛋里有现金返现，可以直接减价。"

"一个破茶几怎么这么贵，又不是红木的。"女顾客一脸嫌弃地看着茶几道。

"咱们这款茶几虽然不是红木，但也是实木的。而且它是多功能的，这款茶几自带充电功能，只要您把手机放在这个位置，手机就可以自动充电。而且这个茶几是伸缩款，打开以后，就能变身为茶艺桌，对于喜欢喝茶的人来说，特别方便实用……"

"整这么多花里胡哨的功能没啥用，家具得用得住才叫好。功能越多，越容易坏。”女顾客说完，拉起丈夫说：“咱们再去别家看看吧，我看她家的家具又贵又不怎么样。”

王俊丽望着顾客远去的背影，无奈地摇了摇头。旁边的同事愤愤不平地说道：“没钱来充什么大头！”王俊丽笑了笑，没有附和。在王俊丽看来，她不过是做了一名员工应做的事情，既谈不上委屈，也没有丝毫损失。但这对中年夫妇就不一样了，他们乘兴而来，败兴而归。

有经验的服务人员，会将一种意识牢牢地放在脑海中，那就是“随便顾客怎么说，反正顾客的抱怨不是针对我”，提前拥有这种心理建设，在处理顾客投诉时就能够心平气和许多。如果再进一步，能够与顾客“共情”，感受到顾客的不容易，那就会认为处理投诉，让顾客满意是一件很有成就感的事，你甚至会爱上处理投诉。

主动挖掘顾客的潜在不满

每个顾客都会对服务人员表达自己的不满吗？据调查，90%的顾客从来不抱怨。当他们的失望累积到一定程度后，他们会一声不响地离开，不会有一句抱怨，全程保持沉默。我们甚至都不知道顾客离开我们的原因。

损失一个老顾客，我们要重新获得5个新顾客，才能将损失找回。更严重的是，一个不满意的客户会把他们的抱怨告诉8～12个人；每收到一封客户的投诉信，就意味着还有24个同感的客户和你不辞而别。相反，如果将客户流失率降低5%，其利润就可能增加25%～85%。因此，我们不能等到顾客来投诉了，再去解决顾客的问题。

闫妍开了一家女童服装店，性格豪爽且有经营头脑的她将生意做得十分红火，老顾客常年维持在800人左右。不要小看了这800位老顾客，他们每个人给闫妍介绍5个顾客，就能为她带来4 000个顾客。所以，闫妍十分重视这批老顾客，时不时会在群里给大家发红包或者弄些福利款。

不知道从什么时候开始，闫妍发现一直光顾她家的一位老顾客陈姐已经好久没来店里采购了。起初，闫妍以为陈姐家里出了什么事，所以才节约了开支。直到有一天，闫妍看到陈姐拎着大包小包的购物袋从她门前经过，闫妍这才明白，原来陈姐不是不买衣服了，而是不买她家的衣服了。闫妍怎么想也想不明白其中的原因。

有一次在街上偶遇陈姐，闫妍忍不住问出了心中的疑问。陈姐也是个爽快人，见闫妍问了，就一五一十地说了。原来，闫妍喜欢女孩，但她只有一个儿子，她便将心中对女孩的喜欢寄托在了服装上，店里摆满了各种小裙子，就连短袖短裤也是带花边的多。起初陈姐家的女儿小，闫妍家的服装正合适。现在女儿大了，不喜欢这么小孩子气的衣服，所以便到别处买衣服了。

闫妍听后，忍不住问道："陈姐，您跟我说呀，我也可以进大童款的。"

"我跟你说过几次，可能你没往心里去，我寻思着买卖自由，我也不能硬逼着你按照我的喜好进货吧。"

听到这里，闫妍才恍惚想起，有几次陈姐来店里选购，转了好几圈，最后说道："大童的款式不太多。"闫妍完全没当回事，而是说："上学以后总穿校服，买大童款式的人少，就没进那么多。"陈姐听了，点点头，也就没有多说什么。

现在，闫妍才明白原来那个时候陈姐就已经在表达自己的不满了，而她却丝毫没有意识到。现在她要想把陈姐这个老顾客拉回来，可不是一件容易的事了。

当我们看到或是听到顾客的不满时，其实那只是冰山的一角，更多更大的不满早已堆积成一座巨大的冰山潜伏在顾客心底了，解决这样的投诉，消除这么多不满，势必不是一件容易的事情。比起事后找补，事先将问题扼杀在摇篮里更加省时省力，即主动挖掘顾客内心潜在的不满，提前将不满解除，避免被顾客放弃。

或许有人会疑惑，顾客的不满还没有表现出来，我们要从哪里挖掘呢？总不能追着顾客问“您还有哪里不满意”吧？事实上，顾客在投诉之前会有一些预兆，或者说根据一些蛛丝马迹，我们很容易发现问题。

小华在超市的彩妆区工作，很多顾客对彩妆的了解并不多。所以，起初小华总是很热心地上前询问，希望能够给顾客提供一些帮助。时间长了，小华发现顾客似乎并不喜欢这种“打扰”。有好几次，顾客正在挑选，小华走过去，刚介绍了一句，顾客就放下东西走了，这让小华十分疑惑。

一个偶然的机会，小华在超市的意见簿上看到了顾客的留言。很多顾客反映了这样一类问题：“希望购物时不要被打扰。”“希望售货员不要总跟着我，好像我会偷东西一样。”……

这些留言让小华似乎明白了什么。从那以后，再有顾客前来选购时，小华不再急着上前介绍了，而是留心观察，如果顾客抬头张望或者有寻求帮助的迹象时，小华才会快步走上前，询问顾客有什么需求。

小华发现，当她不再“追着”顾客介绍时，彩妆的销量反而提升了，而且投诉率也下降了。

“世上无难事，只怕有心人。”只要留心，预判出顾客可能会在什么地方投诉，并非一件难事。那些之前就被顾客投诉过，但是一直以来都没有得到改善的问题，或者产品本身有“缺陷”，再或者经常被投诉却无法得到及时调整的问题，这些都可能会成为被投诉的点。

当投诉由事后处理变为事前防范，那顾客所感受到的就不再是不满，也就不会抱怨了。相反，他们感受到的是超出预期的服务，在他们还没有提出不满之时，服务人员就完美地解决了让他们感受不舒服的地方，这将使他们成为公司的忠实顾客。

站在集体的立场，处理不满

身为服务人员，在处理顾客投诉时，我们一方面要竭尽全力去解决顾客提出的问题，另一方面要极力维护集体的利益，而且要站在集体的角度去处理顾客的投诉。如果为了解决顾客的问题而枉顾了集体的利益，那便失去了处理投诉的意义。

从本质上来讲，我们积极、真诚、及时地处理顾客的投诉，其表面目的是让顾客满意，深层目的则是培养顾客的忠诚度，或者说为了维护企业或是品牌的形象。因此，无论我们如何处理投诉，都要事先考虑好集体的利益。

就拿道歉来说吧。处理投诉，给顾客道歉是必不可少的环节。但道歉也要讲究原则，可以以个人的身份进行道歉，即让顾客知道，造成不满的原因是由服务人员个人造成的，与集体无关；也可以对顾客出现的情绪道歉，但不是为产品道歉，即让顾客明白，道歉并不是因为产品问题，而是因为让顾客不高兴了。

丁丁是一家超市的收银员。这天临近下班的时候来了一位女士。她看到丁丁，就把手中的冰激凌扔到了收银台上，并质问道："这么贵的冰激凌连个勺子都没有吗？"

丁丁看着冰激凌想起来了，这位女士八点多的时候带着孩子来逛超市，孩子从冰箱展示柜里拿了一个冰激凌，结账时才知道这盒冰激凌要30多元，女顾客嫌贵，便不想购买了。按理说，拿了不买的事情常常发生，但问题是，孩子因为忍不住，已经将冰激凌打开了，还舔了一下盖子的内壁。于是，丁丁便以商品不再完整为由，坚持让顾客付款。

这时，后面有顾客等得久了，忍不住抱怨道："赶紧付款吧，孩子都舔了，别人也没法买了。"这话可能让顾客觉得很没面子，于是掏钱付了款。临走前，顾客还瞪了丁丁一眼。丁丁原本以为这只是一个小插曲，就没放在心上，没想到顾客竟又找了回来。

问题是，这款冰激凌厂家确实没有配备相应的勺子，不过这也不是什么大问题，丁丁随便找了一个其他冰激凌的勺子放在了收银台上，并说道："不好意思，这款冰激凌没有配套的勺子，您看用这款代替可以吗？"

没想到女顾客看都不看，便说道："哎呀，我以为这30多块的冰激凌多么高级呢，原来连个勺子都配不起。"

丁丁此时意识到，顾客是心有不满，故意来找碴的，此时跟顾客掰扯实在没有任何意义。于是，在给自己做好心理建设后，丁丁便态度诚恳地说道："女士，可能我之前的服务态度不好，让您感到不愉快了，为此我感到十分抱歉，也请您接受我的道歉。"

顾客听丁丁这么一说，原本抱着吵架的目的来的，瞬间偃旗息鼓了。

如果服务人员道歉了，顾客还是不依不饶，那就需要将顾客带至"隔离区"内，这样做的目的是让顾客远离大庭广众。要知道，在人多口杂的地方，一句话或是一个动作都会被别有用心的人拿来做文章。一旦我们有处理不好的地方或是顾客口不择言说出了什么有损集体形象的话语，都会造成更大程度的影响。

因此，如果道歉并未让顾客的情绪有所缓和，那么就要礼貌地邀请顾客到"隔离室"，创建一个一对一的环境。然后让顾客坐下来说话，如果顾客不愿意坐下来，那就想尽办法让顾客坐下来。此举并不是为了客套，而是一种战术。通常，人在站着的时候充满了攻击性，或是随时准备走掉，或是随时准备出手，不管是哪种情况，都不利于顾客心平气和地与我们交流。

当顾客经由我们的劝说，从态度强硬地站立到坐下，首先意味着态度的转变，也就是说顾客愿意"服软"了；其次，人在坐下后，他的"攻击性"会降低，情绪也会相对放松。这个时候，我们再和顾客进行交涉，会更容易一些，同时也能将投诉的影响降到最低。

陈宏是一家银行的产品经理。王先生在陈宏这里购买了十万块钱的金融产品，结果没出一个月，利率就下降了。为此，王先生十分气愤地找到陈宏，要求他给个说法。

当时大厅里有很多顾客，王先生的大声喧哗引起了很多顾客的注意，如果任由王先生当众发泄不满，势必会影响到其他顾客。于是，陈宏一边道歉，一边邀请王先生到会议室坐坐。起初，王先生还不愿意，态度强硬地说："我就在这儿说，有什么话不能当着大家伙说清楚的？"

陈宏听了，依旧赔着笑脸说："当然没什么说不清的，只是问题比较复杂，咱们一两句也说不清，刚好我办公室沏了一壶好茶，您去尝尝，帮我品品这茶怎么样？"

王先生听了，态度依旧强硬，但还是跟着陈宏来到了办公室。一进办公室，陈宏就邀请王先生坐下。王先生坐下后，陈宏又是端茶，又是倒水。等到王先生的脸色好些了，陈宏才说道："王哥，所有的金融产品都有一定的不确定性。这也怪我，没能将风险提示到位，来，这杯茶就当是我给您赔罪了。"

陈宏接着说道："您看这样行不行？我给您出两个解决方案，您从中选择一下。一是用其他理财产品将损失的差价挣回来，我会给您申请额度，一旦批准了，大概率是稳赚不赔的；二是据我所知，目前的利率调控只是一时的，明年就会涨上来，您要是不着急，就等等看，明年就算涨不上来，我也保证您不损失本金。"

王先生仔细思虑了一下两个方案，最后选择了第二个方案。

处理顾客的不满，我们的初心永远是弥补对客户造成的影响，最大限度地帮助客户争取利益，这与维护集体的利益并不冲突。只要我们心中有集体，眼中有顾客，就一定能找到平衡顾客与集体之间利益的最优解。

有效沟通，可以解决90%的矛盾

成就任何事情都离不开沟通，处理投诉亦是如此。沟通是服务人员处理投诉的第一基本功。有效的沟通能够拉近服务人员和投诉者的心理距离，便于更加精准地了解投诉者的真实需求，令投诉工作处理起来事半功倍。

相反，若是沟通不畅，那么再简单的问题解决起来也将困难无比。而影响沟通的主要因素之一就是说不清，让投诉者去猜测、揣摩、判断，这样就会造成歧义、误会，甚至会令误会加重。也许有人会质疑，说了这么多年话了，难道还不会说不清吗？事实确实如此，经研究发现：人与人相互间简易性事务的沟通，其正确解析率在70%以内，较为复杂的思维判断性沟通，平均正确解析率则低于30%。投诉沟通要比简易性事务沟通复杂一些，信息的正确解析率在60%左右。由此可见，在处理投诉时，把话说明白并非一件容易的事情，不仅需要准确的表达，还需要恰当的表达。

张大爷退休以后，看到别人都在用智能手机买东西、订车票、视频聊天等，便也想买一个来用用，这样自己就能跟远在外地的儿女们视频通话了。

于是，张大爷在手机商城花了2 000多元买了一部智能机。然而，回家捣鼓了好几天，也没弄明白怎么使用，不但无法正常拨打电话，还时常不小心拨到别处去。看着刚交的话费迅速减较少，张大爷再次来到了手机商城，投诉手机操作复杂，要求退货。当天负责接待的服务人员态度倒是很热情，可一看张大爷买的手机，忍不住笑着说："大爷，您买的这款手机操作已经很简单了，我们都叫它'傻瓜'手机，就是说傻瓜都会使用。真要智商没问题，一会儿就能学会……"

服务人员的本意是强调手机简单好用，但传到张大爷耳朵里就变了味儿了，这不就是在说自己"傻"，智商有问题吗？于是，张大爷越听越恼火，大声吼道："你这是说我智商有问题是吗？走走走，带我找你们领导去，我倒要问问他，你们这里就是这么羞辱顾客的吗？"

服务员忙为自己辩解道："大爷，我没羞辱您呀，你是不是误会了……"

服务员说出这样的话，换作任何一个人都可能会产生误会，更不要说一个退休多年，早已经与社会上新鲜事物脱节的老人了。想让投诉者听明白我们说的话，要学会认真分析投诉者的具体情况，并根据以上内容对自己的语言进行加工，让语言更加符合对方的说话习惯，这样才便于对方理解，提高信息传递的准确率。

除此之外，要在处理投诉时，达到良好的沟通效果，还需要掌握一些辅助技巧。

首先，在沟通中，要表现出信任。信任，是沟通的基础。沟通过程中，投诉者不仅会思考对方所传递的信息的内涵，还在观察、体悟对方的态度。因此，我们在表达的过程中，不但要传达自己的观点和建议，还要向顾客呈现出我们的信任。

顾客说手机不好使，我们就要表现出相信手机确实存在问题；顾客说饭菜咸了，我们就要表现出相信顾客的味觉；顾客说他等得太久了，那我们就要首先质疑自己的速度，而不是顾客的感觉。

若是我们对顾客表现出不够信任的样子，那么顾客为了使我们相信，很可能会夸大其词，这都将不利于我们正确有效地处理投诉。

因此，以下几种行为千万不要出现在沟通：左顾右盼，注意力不集中；随意走动，漫不经心；打断对方的表述，插入其他内容等。

其次，适当的赞美，会令沟通事半功倍。沟通过程中，当顾客的观点与我们一致或是相似时，我们要及时给予赞美或是肯定；当对方的观点与我们不一致时，也不要急着否定，而是要采用鼓励性的话语，让对方充分地表达出观点，这样我们才好对症下药。值得注意的是，赞美的时候，要给自己的话语留有余地，不要使用结论性的赞美，如“您说得非常正确”。这样的赞美一经讲出，后面就没有讨论的余地了，同时也会让顾客产生阿谀奉承的感觉。

最后，要适时说出自己的感受。完整的沟通过程是“传达信息——接收信息——分析信息——反馈信息”，如果我们只是听顾客说，那么就达不到沟通的目的，因此我们还要找准机会表达自己的感受。可以是对顾客投诉内容的附和，也可以是对投诉内容的总结概括或是提出解决的方案。整个过程需要保持谦虚的态度，真诚地倾听并思考，这样才能给出恰如其分的回应。

人不同，沟通的方式也不同；问题不同，沟通的内容也不同；同样的问题，换一个人来沟通，效果也会不同。天天沟通，每一次都会发现自己的不足，并拥有不同的收获。因此，沟通是一门学问，任何沟通方式都只能提供一个努力的方向，具体怎么沟通，怎么解决，还需要我们在解决投诉时，不断学习，不断积累，不断改进。

处理投诉，没有终点

很多服务人员将投诉当成一个麻烦，处理完了就恨不得“丢”得远远的。还有的服务人员把解决投诉作为终点，认为只要解决了投诉就万事大吉了。

实际上，解决了顾客的投诉，只是让顾客对服务的评价从不及格达到及格。要让投诉的顾客不仅满意还感到惊喜，还需要做到极为关键的一点——回访！回访，就是对于顾客的问题处理完毕后，定期跟踪访问，确认顾客的问题确实得到了解决。回访，能够令我们的服务形成一个有效的闭环。

张婷经营着一家眼镜店。店里走进来一名老顾客，顾客之前来配了一副近视镜，结果戴上看东西总会出现重影。于是，他想来复查一下，是不是眼睛出了问题。张婷连忙让验光师给顾客重新查一下，发现顾客的眼睛没有任何问题，但之前测量的瞳距结果和刚刚测量的瞳距结果不一样。张婷意识到，很有可能是之前的测量出现了问题。于是，她连忙给顾客重新配了一副眼镜，并免费为其升级了镜片。

顾客离开后，陈婷并未放松下来：这样的失误出现过几回呢？有多少顾客在回去以后佩戴一段时间后才发现了问题，而自己却不知道呢？又有多少顾客在遇到了问题后，根本没有回来找呢？

此时，张婷意识到了回访的意义。她原本以为这仅仅是商家和顾客之间的客套，如今看来绝非如此。回访可以让商家实时掌握顾客的信息，及时发现问题，并解决问题。

经过一整天的筹划，张婷针对不同类型的顾客，为眼镜店制定出了这样一套回访制度。

一是针对隐形眼镜的顾客，每隔两到三个月回访一次，除了提醒及时更换镜片外，还告知一些佩戴隐形眼镜的小贴士；

二是针对青少年学生配镜顾客（或者针对家长），每隔三个月或半年回访一次，除了提醒定期检查视力之外，还可以告知一些保护视力的小常识；

三是针对验配渐进多焦点的顾客，每隔一个月、两个月、半年回访一次，科普一些渐进多焦点镜片使用的注意事项以及中老年眼保健科普常识。

紧接着，这套制度就投入了使用。陈婷第一个回访的用户，就是那位被测错了瞳距的顾客。在电话里，陈婷仔细地询问了顾客佩戴眼镜的情况，在得知这一次没有产生任何不适后，陈婷又细心地叮嘱了佩戴的注意事项，并提醒用户多久后再次回来复查。

陈婷以为顾客只是礼貌地进行了回应，没想到复查那天，顾客真的上门了，这让陈婷欣喜不已。她不但给顾客做了特别仔细的复查，还细心地为顾客清洗了眼镜，再次调整了镜框鼻托的高度，让顾客佩戴起来更加舒适自如。

顾客离开时，感叹地说道，他佩戴眼镜十多年了，期间换了很多副眼镜，只有陈婷店里的服务是最好的。第一次来解决问题时，他原本以为陈婷会将责任推卸得一干二净。没想到，陈婷不但没有推卸责任，还主动给他换了新的。更没有想到回去后没多久，陈婷会再次打电话来回访。区区几百块钱的眼镜，陈婷却付出了物超所值的服务，这令顾客感到十分惊喜。

回访服务是服务人性化的最大体现，也是店家负责任的表现，可以最大可能地赢得老客户，是建立长久合作模式的前提。很多服务人员认为回访很麻烦，属于“没事找事”，也许还会招致顾客的厌烦。事实上，真正用心的回访，不会被顾客厌烦，更不会为我们招惹麻烦。要知道，问题总是不断产生的，我们不能完全杜绝问题的发生，所以经常询问可以便于我们时刻做好解决问题的准备。

同时，服务最忌讳的就是虎头蛇尾。第一印象很重要，但是最后印象也很重要，尤其是在长期服务中，最后的印象对我们起了一个定论的作用。刚开始我们准备充分，赢得了顾客的信任。但是，如果客户再次需要时，我们却不理不睬，甚至消失不见，不仅会让客户感到失望不满，还会把我们以前的服务全部抹杀，使我们前功尽弃。回访的重要性，也在于此。回访可以让顾客感受到我们的“不离不弃”。

需要注意的是，如果只是为了完成公司指派的“任务”而做顾客回访，真不如不做；带着“被迫”的心态做，顾客可以透过你的语音、语调察觉到你的言不由衷，或者在遇到一定的困难时就会轻易放弃；这样的回访不仅没有效果，还浪费公司的人力物力。对于个人是如此，对于企业也一样，没有弄清回访的意义，只会做无用功。因此，想要回访达到有用的效果，需要搞清楚回访的真正含义。

首先，我们必须懂得回访的意义和价值不是为了完成任务、为了做而做，否则会流于形式；其次，回访工作贵在坚持，和顾客做一辈子的朋友就要和顾客保持联络；如果疏于联络，即使最亲密的玩伴都可能变成陌路人；最后，现在已经是互联网3.0时代，回访的方式也要与时俱进，运用微信或者其他社交媒体，可以和顾客更愉快地聊天。

世界上最伟大的精神不是服务精神，而是无止境地提供服务的精神。服务并不是一件随时可以脱下的外衣，也不是乏味生活的调剂，而是一种责任，它的背后是顾客的信任。如果只是为了一时利益或心血来潮地体验生活的话，不但有负于顾客的信任，而且还会被市场所淘汰，一旦企业陷入危机，底层的员工自然也会面临失业的危机。

因此，我们应该将服务顾客作为终生的事业，要永远无止境地做好服务工作，只有如此才对得起顾客，对得起自己。

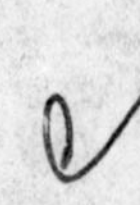